目　次

JN101813

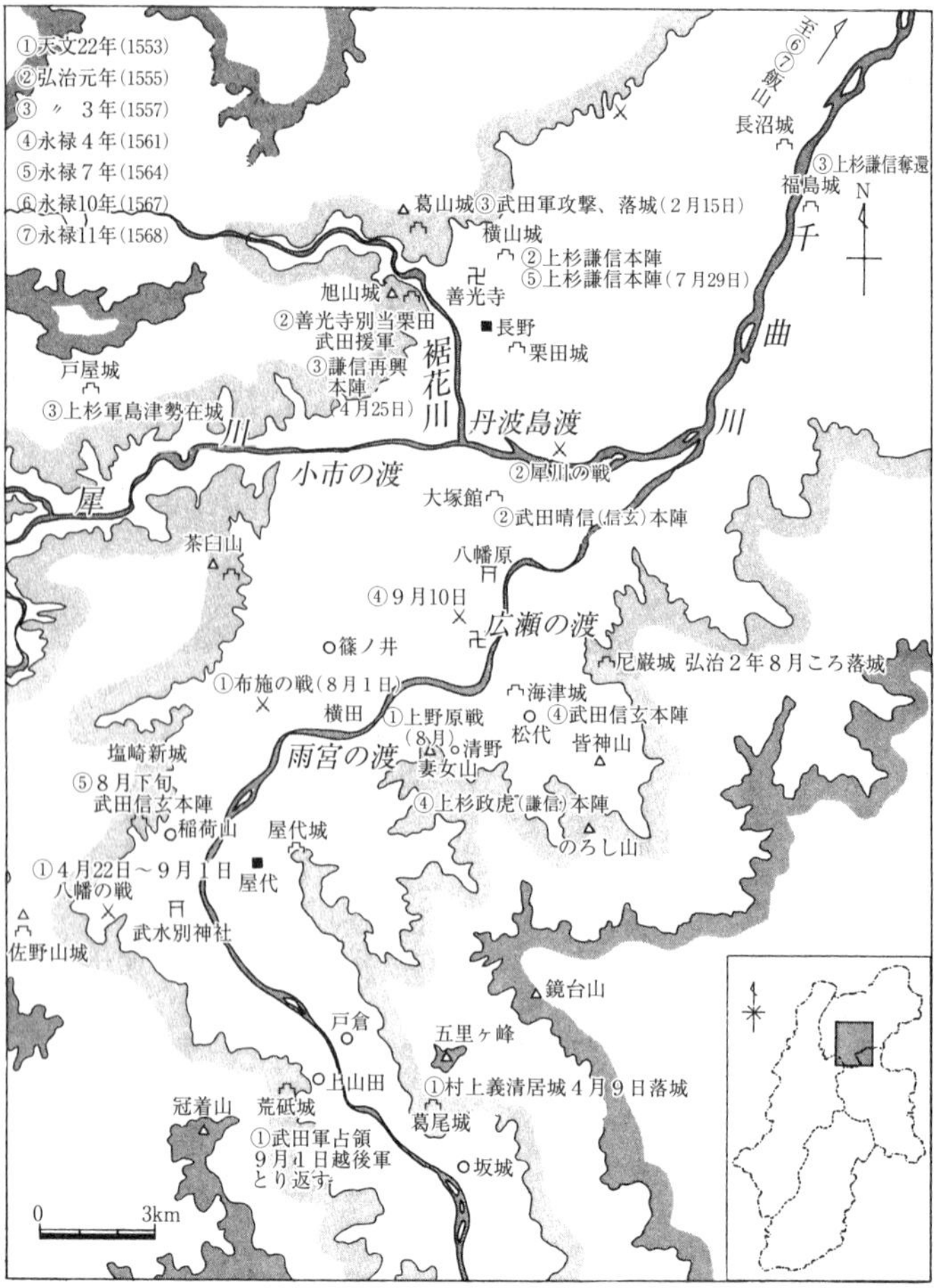

図1　川中島合戦の関係地図(『長野県史』通史編第3巻中世2〈1987年〉より作成，一部改変)

川中島の戦い——プロローグ

二一世紀の戦争

二〇二二年（令和四）二月二四日、ロシア連邦共和国プーチン大統領が、ウクライナの主要都市への砲撃や空襲を開始。この侵攻は現在（二〇二三年一二月時点）でも収束の兆しをみせない。また、イスラエルはパレスチナ・ガザ地区への攻撃をすすめ、一般市民の犠牲者が増え続けている。東アジアに目を向けても、朝鮮半島情勢や台湾が軍事的緊張という観点でクローズアップされている。二〇世紀末のベルリンの壁崩壊・東西冷戦の終結以降、地域間の対立構造が複雑化し、各地で紛争が続くのが現実である。今では遠く離れた場所の戦災の様子が、衛星放送やSNS（ソーシャルネットワーキングサービス）を通じて人々の日常生活のなかに入ってくる。その光景は、あたかも自分自身がバーチャル(仮想現実)のなかに置かれているかのような錯覚すら覚える。

現代ですらそうなのだから、今から五〇〇年も前の戦国時代のことなど、リアルなものとして理解することは困難である。合戦が仮想現実のように捉えられ、そこにロマンや格好よさ、「推し」の戦国武将なるものに美的なものを求める向きもあるという。

リアルな戦争は悲惨だ。大名が家臣に出す感状《かんじょう》(褒賞の文書)には、敵の頸《くび》を幾《いく》つ取った、などと具体的な状況が記される。名も記されぬ死者にも名前はあった。この無数の死者の累積のうえに合戦がある。そこにロマンはない。

ロシアもウクライナも、双方が自国の戦果や被害を様々なメディアを使って内外に宣伝をおこなっている。双方の言い分は異なる。情報がすべてが正しいとは限らない。情報を通じた心理戦でもある。このような宣伝合戦という意味でみると、本書で扱う川中島《かわなかじま》の戦いにおいても同様である。武田信玄《たけだしんげん》・上杉謙信《うえすぎけんしん》双方とも戦時に神に対し多くの願文《がんもん》を奉納している。

それらは戦勝祈願という目的で出されるものであるが、本質は、自分の正当性と、いかに相手が非道で悪人であるかを神前でアピールする非難の応酬でもある。そしてそれは、

図2　武田晴信（高野山持明院所蔵）

図3　上杉謙信（林泉寺所蔵，新潟県立歴史博物館提供）

味方や敵に対する宣伝でもある。味方を鼓舞し敵を萎縮させる。誤解を恐れずに言えば、この点だけみても、川中島の戦いと現代戦争は、通底するものがある。

川中島の戦いは、甲斐《かい》国（山梨県）の武田信玄と越後《えちご》国（新潟県）の上杉謙信が信濃《しなの》国川中島（長野市川中島町）で北信濃（長野県北部）の領有をめぐり数度対戦した合戦の総称である。この戦いは天文二二年（一五五三）から永禄七年（一五六四）の一二年間にわたっておこなわれ、おもな対戦だけでも天文二二年、弘治元年（一五五五）、弘治三年、永禄四年（一五六一）、永禄七年の五回がおこなわれた。とくにもっとも激しい合戦であったという永禄四年九月一〇日の戦いは、両大名が一騎打ちをしたと伝えら

図4　一騎打ちの像

れ、平地での総力戦という性格もあって多数の戦死者を出した。戦国時代を代表する合戦の一つとして一般によく知られている。

川中島古戦場史跡公園

長野市立博物館。須坂《すざか》町（現須坂市）出身の設計士宮本忠《みやもとただ》長《なが》が設計し、公共建築百選に選ばれている。博物館のある川中島古戦場史跡公園（長野市小島田《おしまだ》町）には、築山《つきやま》状の芝生広場、自然石を配した小川のせせらぎ、かやぶき屋根の四阿《あずまや》等があり、休日には家族連れで賑わう。思い思いにランチをしたり、ウォーキングやスポーツする人たちも多い。戦場跡とは対極の、市民のいこいの場として定着している。

公園の駐車場から北へ歩くと八幡社がある。

この社が八幡原《はちまんばら》古《こ》戦場《せんじょう》の名称の由来だ。境内には、昭和四四年（一九六九）NHK大河ドラマ「天と地と」に併せて建立された「武田信玄と上杉謙信一騎討ちのブロンズ像」がある。また道沿いを歩くと、「首塚」の看板と石碑がある。

江戸時代後期の地誌『信濃《しなの》奇《き》勝録《しょうろく》』には、山本勘助《やまもとかんすけ》の戦死場所や八幡原の七《しち》太刀《たち》三《み》太刀《たち》、首塚・骸塚《かばねづか》などが戦場の名所旧跡として描かれる。こういった江戸時代の情報は、その実否はともかく、この公園が「古戦場」という戦争遺跡のなかにあることを示してくれる。

川中島の戦い
—虚と実—

ジャーナリスト出身の史論家（史料をもとに歴史を平易に叙述する歴史家）で、戦前の長野県を代表する歴史研究者に栗岩英治《くりいわえいじ》がいる（村石二〇一七b）。

（前略）通俗に甲越《こうえつ》戦争とも、川中島合戦とも呼びはやされ、戦国時代中の最大激戦として、徳川《とくがわ》時代から三百余年間、兵学者や講釈師、さては軍談本屋のめしの種になっていたわけである。これらの職業人によって、茶化され、芸化され、人情化され、剣劇化されて、歴史とも軍書ともつかない書物が続出しており、そのために、ただ一回しか激戦は無かったのに、五回もあったことになったり、ありもしない人物が飛び

図5　わらじ史学の創始者，栗岩英治（1878〜1946，長野県立歴史館所蔵）

出して討ち死にしたり、さまざまな伝説的成長を遂げてきた（後略）

栗岩は、盟友信濃毎日新聞社記者田中武夫にくどかれ『飛翔《ひしょう》　謙信』（一九四三）を著した。引用したのはその一部分。永禄四年（一五六一）九月の八幡原での合戦は、ありもしない人物が討ち死にするなど伝説的成長を遂げ、この戦いが講談や兵学者の「めしの種」になっている、と嘆く。かつての合戦が商売のネタになっている、と憂えた。合戦五回説は有名だが、後述するように、合戦が何度あったのかは、現在でも実は確定していないというのが実情なのである。

歴史は「創られる」？

戦前の栗岩のこの率直な慨嘆は、まさに歴史学とは無縁のビジネス化され創作されてきた合戦虚像に対する警鐘である。こうした問題は有形無形に現代に影響を残している。例えば、近年史学界を震撼させ大きな話題となった史料に「椿井《つばい》文書」がある。長い間関西の市町村史等で広く活用されてきたこの文書群——中世の文書や絵図、縁起や家系図——が実は椿井政隆《まさたか》によって一九世紀初頭に創作された偽書だったことが馬部隆弘《ばべたかひろ》氏によって明らかにされた（馬部　二〇二〇）。偽書が自治体史叙述の根拠となってしまえば、捏造された情報が公的なものとなってしまう。数百点にも及ぶ偽文書によって描かれた歴史は、再検証・修正に容易ならざる時日と労力を要する。

一九世紀は、地域が自分の村や家に関心を持ちだす時代。古文献をもとに日本や地域の歴史を究明しようとする学問が国学《こくがく》である。全国各地で、所在する文献の収集がおこなわれ考証が進められた。そのなかで、家の歴史への関心と相まって、「窩主買《けいずかい》」のような、系図を購入して自家の歴史を粉飾する者も現れた。北信濃でも武田氏や村上氏に連なるとする偽系図が数多く創られた。巧妙なのは、多くの場合、信玄の感状などと称し、生《うぶ》の紙を古色に染めて時代感を醸し出した「偽文書《ぎもんじょ》」も併せて創作している点だ。系図の典拠史料に装うことで、「系図の信憑性」を偽造させたのである。史実と異なる虚偽の言説が、そこここに流布しているとすれば、栗岩の嘆きは現在の歴史学の立場からみても深刻なものといわざるをえない。

「古戦場」論

「川中島古戦場」の通称は多くの市民に認識されている。「古戦場」とは「昔そこで戦争があった場所」だが、『日本歴史地名大系』（平凡社）のなかから見出し語の中に「古戦場」を含む地名を抜き出すと、「関ヶ原《せきがはら》」「桶狭間《おけはざま》」といった著名な古戦場名が全国約四〇カ所ほど掲載されている。そのなかに「河中島古戦場」も立項されている。

『信濃奇勝録《しなのきしょうろく》』。佐久郡臼田《うすだ》村の国学者で神官の井出道貞《いでみちさだ》によって天保五年（一八三四）に著された奇勝景観《きしょうけいかん》、地理・歴史・旧跡について記された総合地誌である。井出は、甲斐国山王権現の神官加賀美光重《かがみみつしげ》に国学を学ぶ。信州でも一八世紀末から幕末維新にかけて平田《ひらた》国学の影響を受けた神官たちが地域や村の成り立ちに目を向ける風潮が高まった。この動きは地域の歴史や英雄を顕彰する動きと結びつく。『信濃奇勝録』もその一つだ。この本で一騎打ちの故事や「典厩寺《てんきゅう》」「胴合《どあい》橋」「両角豊後守昌清《もろずみぶんごのかみまさきよ》（虎光《とらみつ》）塚」などが史跡として紹介された。その記述は、合戦当時の同時代史料に現れたものでなく、江戸時代の故事伝承を編者が収集したものだ。江戸時代後半には、史跡や武田・上杉両軍の陣取図《じんとりず》が摺物《すりもの》（木版で印刷された図絵）として販売された。また作者不詳の軍記録『甲越信戦《こうえつしんせん》録《ろく》』が生み出されたのもこの頃である（岡澤　二〇〇六）。村の成り立ちを尋ねる国学が、地域の顕彰の動きとなり、古戦場が観光地化された実例である。

一九世紀に「古戦場」が創造されていく過程を論じた羽賀祥二《はがしょうじ》氏によると、古戦場は近代になり戦場空間のイデオロギーのなかに組み込まれ、陸軍大演習の場となり軍事教育の教材となる（羽賀　一九九八）。八幡原古戦場内にも、明治三五年（一九〇二）皇太子（後の大正天皇）が見学した際の行在所《あんざいしょ》跡があり、近代天皇制のなかに巧みに組み込まれた。栗岩が述べるように、戦跡として語られてきたことと、同時代の史資料からいえることは一致しない。歴史学では残存する史料のうち、同時代の古

本書の課題

文書・古記録を第一の材料にしながら真正と判断されうるものをもとに叙述する。川中島の戦いに関わる研究でも問題となるのは、史料（文書・記録・軍記等）の扱い方である。残されるべき権利証文と違って、時限的な性格の強い書状類には年号が付与されていない。その年代比定は先学によりガラス細工のような手法で検討が進められてきた。年代比定をおこなう場合、基準となる史料を据えた上で論じる。その基準となる史料の優先順位は次の通りである。

A文書原本↓B文書写↓C二次史料（同時代の記録類）↓D近世の軍記・系図類

同一の記事が複数あり、その記述にそれぞれ相違があった場合、まずA文書原本を優先する。Aを書写した写（B）はこれに準じる。同時代の古記録・日記（C）も重要であるが伝聞・記者の主観が入っていることに留意が必要だ。Dは意図を持って編纂されたもの

であるのでバイアスがかかっている。これらは同時代史料による裏取りをして初めて「史料」として活用することができる。『甲陽軍鑑《こうようぐんかん》』『北越軍記《ほくえつぐんき》』など後世の軍記は、一般的には創作部分もあるので注意が必要である。ただし史実の裏付けがとれるものについては記事として採用する。

Aであっても、事実を正確に伝えているか、あるいは発給者のバイアスがかかっていないか、つまり事実誤認がないかという見極めも必要である。軍事研究者の藤本正行《ふじもとまさゆき》氏も、関ヶ原の戦いを例にして、特に合戦に関する一次史料は、戦果を誇張するために敢えて虚偽を書いたものもあることを考証している（藤本　二〇一二）。一次史料が同時代の史料であるがために、事実の上塗り、いわば「盛《も》っている」部分があることも考慮しなければならない。

Aに似せて自家のために有利な文書を捏造する「偽文書」も数多い。その真偽判定は重要である。永禄四年の合戦については、Aに属する史料がほとんどないから厄介である。

これらはすでに先学によりおこなわれてきた、いわば近代歴史学の作法である。本書は原則、記述の出典は煩雑であるが明記させていただいた。また、これまでの史料集などと年代比定が異なる文書については、誤解のないようにその点も明記しエピローグに表5としてまとめた。

なお本書では、川中島の戦いを単なる武田・上杉両大名の合戦の経過を述べることを目的としない。この戦いに対して室町幕府やその吏僚がどのような対応をとったのか、周辺諸勢力との関係をできるだけマクロの視点でみていきたい。近年盛んに論じられている文芸史料の活用にも言及していきたい（川口　二〇二二）。

扱う時代の特徴

本書の扱うテーマは川中島の戦いであるが、これまでの通説にある五回説にこだわらず、時間軸を長期間に設定した。主たる時代は一六世紀の中頃天文年間後半から永禄末年までである（一六世紀第3四半期）。この時代は異常気象の時代と重なる。

諏訪湖の結氷を御渡《みわたり》という。御渡は「一の御渡」、「二の御渡」、「佐久の御渡」の三本があり、その出来具合によって吉凶が占われた。この諏訪湖結氷の子細を諏訪上社の大《おお》祝《ほうり》（最上位の神職）が記録して室町幕府に報告したものを「御渡注進状《みわたりちゅうしんじょう》」という。注進状の原本は、幕府の滅亡により残存しないが、その発給文書の手控えとして、大祝によって書き留められた写が残されている。嘉吉三年（一四四三）から江戸時代前期の元禄時代までの注進状写が『当社神幸記《とうしゃしんこうき》』として残されている。

表1 『勝山記』にみえる自然災害

年	時期	記事
天文11年	秋	大風 人びと餓死限りなし
天文13年	夏	餓死
天文14年	正月	正月大風
	春	春人々食糧不足
	5月～6月	5月～7月雨一度も降らず
天文15年	7月5日	大水
	7月15日	世間餓死致し候
		男女を生け捕り売買
天文16年	この年	世間食糧不足
天文17年	9月12日	男女生け捕り
天文19年	6月	大雨出水 大風
	6月	食糧不足限りなし
天文20年	春	餓死
	春	食糧不足
天文22年	8月	足弱乱取り
	5月～9月	日照り
天文23年	正月～3月	雪水出来
	7月	3年続けて日照り
弘治2年	春	食糧不足
弘治3年	12月	日照り
永禄元年	8月5日	雪水出来 家屋流出
永禄2年	12月7日	大雨 家屋流出
永禄3年	2月20日	大雪
	6月～10月	長雨
		疫病により人口減
永禄4年	正月2日	大雪
永禄6年	5月	大風
	7月22日	大雨
	8月2日	大出水

温暖化により近年では結氷しない年が続く。しかし川中島の戦い当時は寒かった。弘治年間は結氷しない年もあったが、永禄元年（一五五八）から天正八年（一五八〇）までは結氷しない年はなかった。今より寒冷であったらしい。

過去の気候変化をみる古気候学の指標に海水準《かいすいじゅん》（海水面の変動）がある。日本で著名なのは縄文時代の温暖化を示す「縄文海進《じょうもんかいしん》」である。奈良・平安時代中頃は寒冷期で海水準が今よりも一メートル程度低かったという。平安時代後期から温暖化が進み一三世紀後半には再び寒冷期となった（パリア海退《かいたい》）。一六世紀中頃までには再度海進して気温が上昇していくが、江戸時代までは現在よりも寒冷な気候であったことが分かっている。吉野《よしの》正敏《まさとし》氏は一六世紀の気候について、宮中の観桜会の日付や京都の降雪率をもとに一五世紀よりも温暖であったと推定している（吉野　一九八三・二〇〇六）。これは、生育環境中の水や気候条件に反映する酸素同位体元素分析《さんそどういたいげんそぶんせき》を屋久島の屋久杉の年輪からおこなった結果から得られた気候変動と一致している。屋久杉の一つ一つの年輪の成長幅だけでなく、酸素の含有比率から年輪の形成された当該年の気候を推定する方法である。また、一六世紀後半の川中島の戦いの時期を「小氷期の前ぶれ」の時代としている。

平山優《ひらやまゆう》氏は、『勝山記《かつやまき》』のほか東国の記録をもとに、この時代を「永禄の大飢饉《だいききん》」と位置づけた。干魃《かんばつ》だけでなく風水害がもたらすのは大飢饉、疫病であった。川中島の戦いや桶狭間の戦いなど大きな戦争がおこなわれたのは、こうした背景があると見通す（平山二〇〇二）。甲斐は作物が不作で、戦争は食糧獲得のための手段と化した。乱取り《らんど》（強奪）・人取り（人身売買）もおこなわれた。戦争が頻発した時代を考える背景として是非ご理解いただきたい。

なお武田信玄、上杉謙信とも名乗りは時期により変更があるが、本書では引用文を除き長尾景虎《ながおかげとら》（上杉氏継承後は政虎・輝虎）、武田晴信《はるのぶ》（出家後は信玄）として表記した。

※本文中のおもな史料出典番号は以下のとおりである。

『信濃史料』◯巻→『信史』◯、頁　『上越市史』別編1上杉家文書集→『上史』文書番号

『戦国遺文』武田氏編→『戦武』文書番号

『戦国遺文古河公方編』→『戦古』文書番号　『越佐史料』第四巻→『越佐』頁

『新編信濃史料叢書』巻◯→『新叢書』◯、頁　『加能史料戦国』巻◯→『加能』◯

なお「高白斎記」は「甲陽日記」、「妙法寺記」は「勝山記」に統一し、『新編信濃史料叢書』本を底本とした。

川中島の戦いをめぐる研究

二つの川中島

「川中島」とはどこか

長野県歌「信濃《しなの》の国」をご存じだろうか。この歌は明治三二年（一八九九）に長野県師範学校教諭浅井《あさい》洌《れつきよし》により作詞された。長野県の地理・歴史・産業・文化などを盛り込み「地理歴史唱歌」として、総合的に活用された音楽教材である。長らく長野師範学校（現信州大学教育学部）卒業生が長野県の小学校教育界において中心的な役割を果たしてきたため、ほとんどの小学校で児童に教えられてきた（ちなみに信州大学附属長野小学校の校歌は県歌「信濃の国」である）。こうした経緯もあり昭和四三年（一九六八）には長野県歌として制定された。長野県出身者のほとんどは口ずさむことができるといっても過言ではない。このうち一・二番が長野県の地理に関

図６　信濃国の地形と地名

わる歌詞である。

一　信濃の国は十州に　境連ぬる国にして　聳《そび》ゆる山はいや高く　流るる川はいや遠し松本・伊那・佐久・善光寺　四つの平は肥沃《ひよく》の地　海こそなけれ物さわに　万《よろ》ず足らわぬ事ぞなき

二　四方に聳ゆる山々は　御嶽乗鞍駒ヶ岳《おんたけのりくらこまがたけ》　浅間《あさま》は殊に活火山　いずれも国の鎮《しず》めなり流れ淀まずゆく水は　北に犀川《さいがわ》千曲《ちくま》川　南に木曽川天竜《てんりゅう》川　これまた国の固めなり

長野県は南北に長く、しかも県境は山岳により四方を囲まれている。江戸時代までは一〇カ国と接していた（①越後《えちご》〈新潟県〉、②上野《こうずけ》〈群馬県〉、③武蔵《むさし》〈埼玉県〉、④甲斐《かい》〈山梨県〉、⑤駿河《するが》・⑥遠江《とおとうみ》〈静岡県〉、⑦三河《みかわ》〈愛知県〉、⑧美濃《みの》・⑨飛驒《ひだ》〈岐阜県〉、⑩越中《えっちゅう》〈富山県〉）。しかも現在の総面積は全国四位と広大な県である。分水嶺となる山からは数多くの川が流れ、盆地を形成している。「信濃の国」は、こうした長野県の地理的特徴を端的に読み込んでいる。

長野県と山梨・埼玉県の三県の境にある甲武信ヶ岳《こぶしがたけ》。ここを源流に佐久平から小県《ちいさがた》を経て北信濃を貫流するのが千曲川である。新潟県からは信濃川となり日本海に流れる。いっぽう北アルプスから端を発する梓川《あずさがわ》と木曽駒ヶ岳から流れる奈良井川が松本で合流し、現在の国道一九号と並行して流れる川が犀川である。千曲川は長野市内で犀川と合流する。千曲川の流れる地域のうち佐久、上田・小県が東信地域、それ以降の新潟県境までが北信地域という。旧郡名では右岸の埴科《はにしな》・高井《たかい》郡、左岸の更級《さらしな》・水内《みのち》郡の四郡が北信地域である。犀川が流れる松本盆地は信濃国の中心部という意味で中信地域と呼ばれている。

合戦の冠名となった「川中島」は現在長野市川中島町（旧更級郡川中島村）として残る一住所表記である。長野市街地南へ約五キロメートル離れ、水田やりんご・ぶどう・白桃など果樹栽培も盛んである。ただし川中島村という行政区分は、大正一三年（一九二四）にできた新しい地域表記である。

そもそも地名「川中島」の由来は、この場所が千曲川・犀川にはさまれた地域で、両川が落ち合う合流地点である「落合《おちあい》」（長野市）を頂点とする中洲《なかす》地帯の意味であったと考えられる。

川中島という地名は、応永七年（一四〇〇）信濃守護小笠原《おがさわら》氏と東北信の武士との間におこなわれた合戦の顛末を記した『大塔物語《おおとうものがたり》』（文正元年〈一四六六〉以前の成立）のなかに「河中島所々は、大略村上当知行《たいりやくむらかみとうちぎょう》なり」とあるのが初見で、村上氏が実効支配している地であった。ついで明応九年（一五〇〇）の『諏訪下社造宮帳』には、「河中島内」として善光寺《ぜんこうじ》周辺の諸郷が列挙されており、すでに両川の間だけでない広い地域を「川（河）中島」と呼んでいた。慶長三年（一五九八）、京都石清水八幡宮《いわしみずはちまんぐう》領として「川中島郡内」に八幡《やわた》・桑原《くわばら》・小谷《おうな》（以上旧更級郡　現千曲市）・小川《おがわ》（旧水内郡　現小川村）が書き上げられている（菊大路家《きくおおじけ》文書『石清水八幡宮文書』六、四九一）。慶長五年、徳川家康《とくがわいえやす》が森忠《もりただ》政《まさ》に与えた宛行《あてがい》状の目録には「信州川中島四郡郷村高目録」とあり、北信濃が「川中島四郡（高井・水内・更級・埴科）」（和合院《わごういん》文書「信州河中島四郡年行事職之事」『信史』一二、一一〇）というように、北信濃全部の広域名称として使用されたのである。

武田晴信の捉えた「川中島」

平山優氏は武田晴信と長尾景虎の発給した天文二四年（一五五五）の感《かん》状《じょう》を分析し、両者ともこの戦いを「川中島」での戦いとの意識を持った点に着目した（平山　二〇〇二）。

このときの感状の一通を例にみよう（長野県立歴史館所蔵文書『戦武』四四三）。

今十九、信州更科郡川中島において、一戦を遂ぐるの時、頸壱討ち捕るの条、神妙の至り感じ入り候、いよいよ忠信を抽んずべきものなり、よって件のごとし

天文廿四年乙卯

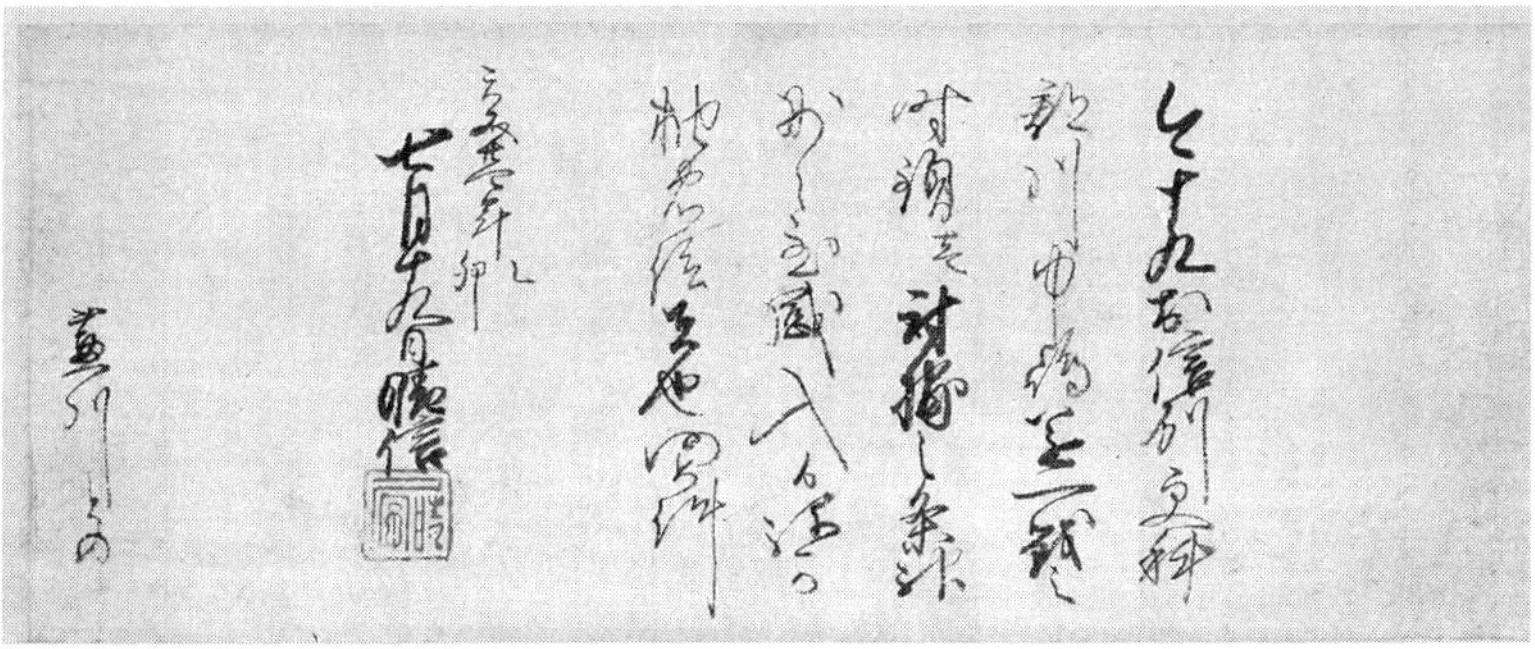

図７　蘆川氏にあてた武田晴信感状（長野県立歴史館所蔵）

七月十九日　晴信（朱印「晴信」）

蘆川《あしがわ》との

これは、武田晴信が七月一九日における甲斐の武士蘆川氏の勲功に対して褒賞した感状である。ここでいう川中島は「更級郡」内のそれであるから、犀川・千曲川の合流する周辺の特定の地点での合戦を指していることになる。領域ではなく、晴信はピンポイントで川中島を地点として捉える表現を使用する。

長尾景虎の捉えた「川中島」

いっぽう景虎の場合はその使用法が異なる。天文二二年（一五五三）と推定される感状において「今度信州川中嶋において高名《こうみょう》、ことに面白者討ち捕り比類無きこと神妙候」と記す（『歴代古案』『上史』一五二）。永禄四年の会戦の上杉方感状（いわゆる「血染《ちぞ》めの感状」）も「信州川中島において」と記している。景虎が点ではなく空間

表2　天文二四年感状一覧

番号	形態	宛所	出自	本文	書止	署名・判
1	正文	根々井右馬允殿	佐久	於信州更科郡川中島、遂一戦之時、頸壱被討捕之条戦功之至感入候	恐々謹言	晴信花押
2	正文	大須賀久兵衛殿	更級	於信州更科郡川中島、遂一戦之時、其方被官頸壱討捕之条神妙之至感入候	謹言	晴信朱印
3	正文	内田監物殿	諏訪	於信州更科郡川中島、遂一戦之時、頸壱討捕之条戦功之至感入候	謹言	晴信朱印
4	写	向山主税助殿	甲斐	於信州更科郡川中島、遂一戦之時、頸壱被討捕之条戦功之至感入候	謹言	晴信花押
5	正文	小島修理亮殿	高井か	於信州更科郡川中島、遂一戦之時、頸壱討捕之条神妙之至感入候	仍如件	晴信花押
6	正文	土橋対馬守との	甲斐	於信州更科郡川中島、遂一戦之時、頸壱討捕之条神妙之至感入候	仍如件	晴信朱印
7	正文	橋爪七郎右衛門尉との	甲斐か	於信州更科郡川中島、遂一戦之時、頸壱討捕之条神妙之至感入候	仍如件	晴信朱印
8	正文	渡辺弥右衛門尉との	甲斐	於信州更科郡川中島、遂一戦之時、与内藤新右衛門幷渡辺弥左衛門尉、頸壱合討神妙之至感入候	仍如件	晴信朱印
9	正文	降屋彦右衛門との	甲斐	於信州更科郡川中島、遂一戦之時、頸壱討捕之条神妙之至感入候	仍如件	晴信朱印
10	正文	蘆川との	甲斐	於信州更科郡川中島、遂一戦之時、頸壱討捕之条神妙之至感入候	仍如件	晴信朱印

11	写	浦野新右衛門との	小県か	於信州更科郡川中島、遂一戦之時、頸壱討捕之条神妙之至感入候	仍如件	晴信朱印
12	正文	小平木工允との	諏訪	於信州更科郡川中島、遂一戦之時、頸壱討捕之条神妙之至感入候	仍如件	晴信朱印
13	写	水上菅右衛門とのへ	甲斐か	於信州更科郡川中島、遂一戦之時、頸一討捕之条戦功之至感入候	仍如件	晴信朱印

として川中島地域を認識していたことがうかがえる。先に引用した和合院文書にみえる「川中島四郡」という行政領域的な空間認識を、景虎は「川中島」という名称で表現していた。景虎がこの合戦のおこなわれた場所を「領域的」に捉えていた点は重要である。次章で述べるように、これは上杉氏のこの地域との歴史的な関係性によるものである。

　このように、川中島の戦いという場合、特定の地点としての川中島での局地戦を指す場合と、より広域の行政区分「川中島四郡」内での戦いとして表現している場合とが混在している点は整理が必要である。後者の場合、永禄一〇・一一年における飯山城近辺の状況も、川中島の戦いの範疇《はんちゅう》に含まれることになる。

川中島の戦いは何度あったか？

田中義成による川中島の戦い二回説

「川中島」という地域呼称が武田・上杉両者の視点によりやや異なっていることは述べたとおりである。天文二二年（一五五三）から永禄七年（一五六四）までの時期の中で、果たして何度合戦があったのかという点についても実は確定していないのである。

川中島の戦い自体についてはすでに江戸時代の藩の軍学者や前述の国学者により考証が進められていた。しかし、一次史料に基づく近代実証史学の手法を用いた研究者の嚆矢《こうし》として、明治・大正期に活躍した研究者田中義成《たなかよしなり》を挙げねばならない。万延元年（一八六〇）に生まれた田中は、太政官修史局《だいじょうかんしゅうしきょく》に写生として出仕し明治二八年（一八九五）に史《し》料編纂掛《りょうへんさんがかり》が置かれると、史料編纂委員と助教授を兼ね、同三六年文学博士となった。のち帝国大学（のちの東京大学）の史料編纂所史料編纂官兼文科大学教授に任命され国史学第一講座を担当した。大正七年（一九一八）六〇歳で急死するまで修史編纂に携わること四〇余年。史料編纂事業『大日本古文書』『大日本史料』などの基礎を築いた、まさに牽引者であった。

田中は史料編纂官として関東・中部地方の史料採集をすすめたこともあり、川中島の戦いに関する古文書への目配りができた。田中は明治二三年（一八九〇）年「甲越事蹟考《こうえつじせきこう》川中島合戦」において、近世の編纂物になる記録『甲陽軍鑑《こうようぐんかん》』『川中島五戦記』などを二次史料として史料批判をおこなった。同時代の確実な古文書・古記録に拠ることを宣言している。甲越両軍の衝突は天文二四年を第一回とし、人口に膾炙《かいしゃ》した永禄四年（一五六一）の衝突を第二回としている。実証的な手法で二回説を初めて採ったのである（田中一八九〇）。

渡邊世祐の川中島の戦い五回説

いっぽう田中の弟子渡邊世祐《わたなべよすけ》は田中説に対して合戦五度説を唱える（渡邊　一九二九）。渡邊は大正四年（一九一五）史料編纂官に任じられた。布施秀治《ふせしゅうじ》とともに越後・佐渡両国の基礎史料を年代順に収集する『越佐史料《えつさしりよう》』編纂をおこなう高橋《たかはし》義彦《よしひこ》を援助し、史料編纂官として史料収集に協力した。この第四巻が天文一七年（一五四八）から永禄一二年（一五六九）を対象としていたことから、上杉方の視点で川中島の戦いに関わる史料へ網羅的に目配りすることができたのである。

その成果は昭和四年（一九二九）長野県北部五郡連合教育会により出版された著書『武田信玄の経綸《けいりん》と修養《しゅうよう》』において結実する。渡邊はここで合戦五回説を唱え、田中説を修正した。

渡邊説は上杉家文書のほか江戸時代に米沢藩で編集された『歴代古案《れきだいこあん》』『御書集』などとともに、上杉家から江戸時代に幕府に提出された「川中島五箇度合戦次第」も史料として採用した。この書は川中島の戦いを五度の戦闘と位置づけた嚆矢で、田中説ではこの書は『甲陽軍鑑』に対抗した偽書として捨象されていた。渡邊は、『甲陽軍鑑』同様、真偽混交であることを認めつつ、傍証史料で真と認められた記述であれば史実として採用した。

渡邊の五回説は、昭和三、四〇年代に地元長野県の歴史学者小林計一郎《こばやしけいいちろう》『川中島の戦』（昭和三四年）、一ノ瀬義法《いちのせよしのり》『激戦川中島』（昭和四四年）でも継承され、一般的に知られる川中島の戦いに対するイメージとして現代まで受け入れられているといっていい。

川中島の戦いをめぐる史料の限界と課題

武田氏の軍書として江戸時代人口に膾炙した『甲陽軍鑑』は、前述のように田中により俗書として位置づけられ、少なくとも史料としての評価が長らく低かった。

平成に入ると国語学者酒井憲二《さかいけんじ》によって『甲陽軍鑑』写本のテキスト研究が進められ、古様態の写本が一六世紀後半にまで遡る可能性が指摘され、史料作成の同時代性が認識されるようになった（酒井　一九九四）。『甲陽軍鑑』上の架空人物とみられていた「山本勘助」についても、昭和四四年北海道で「山本菅助」の名が記される武田晴信書状が発見され（市河家文書）、また近年では近世高崎藩士山本家が所持していた「山本菅助」宛文書も紹介された（海老沼　二〇〇九）。また、黒田日出男《くろだひでお》氏は記述内容そのものの多角的な分析を進め、史実の反映が含まれる

図8　江戸時代に人々に読まれた『甲陽軍鑑』（飯島家資料，長野県立歴史館所蔵）

などと再評価をおこなった（黒田　二〇〇八）。このように『甲陽軍鑑』の記述に対する史料的な価値についても再検討・見直されるようになった。記述内容の逐次検討と吟味を経ることによって、『甲陽軍鑑』は史料としても活用することができるのであり、近世の偽作で史学に益《えき》なし、というかつての考え方は少なくとも否定されたといえる。

合戦の回数についても議論が深まっている。長野市篠ノ井塩崎《しののいしおざき》の出身で戦前の軍事史学者北村建信《きたむらたけのぶ》は、地理的・戦略的立場から川中島の戦い二回説を主張した。個々の合戦の性格を分析し、両大名が現地川中島まで出陣して合戦の指揮に当たった会戦と、局地的に両陣営の部隊が争った戦いとを峻別すべきことを提唱している（北村　一九三二）。永禄一〇年（一五六七）に飯山城をめぐり両軍の攻防があったが、西川広平《にしかわこうへい》氏によって「生島足島《いくしまたるしま》神社起請文《じんじゃきしょうもん》」（武田信玄の家臣が下之郷神社に納めた八三通の起請文）の分析が進められ、この起請文を上杉謙信との戦いの際に、まとめて作成されたものと位置づけ、この時の攻防も甲越両軍の一連の対決であるとする、六回説も提唱されている（西川　二〇〇七）。

このように、合戦の回数については必ずしも定説をみていない。先年惜しまれながら亡くなった武田氏研究の第一人者柴辻俊六《しばつじしゅんろく》氏は、この時代の戦争を両陣営の主力部隊同士の決戦とみた場合、川中島の戦いは永禄四年の一回に限定した方がよいと提唱した（柴辻二〇一九）。何をもって「川中島の戦い」とするかは柴辻氏の述べるように視座が求められる。大将同士の衝突のみなのか、前線の小競り合いまで含めるのか。問題は合戦の回数だけではない。戦闘場所の比定についていくつかの議論がある。その一つが「上野原《うえのはら》」の戦いである。この点については柴辻氏が簡潔に整理している（柴辻二〇一九）。

川中島の戦いについては、史料が少ないという困難とともに、残存史料の性格という問題も横たわる。戦国期の文書のうち、私信などの書状は原則無年号の場合がほとんどである。その場合、その書状の年次比定という作業が必要となる。ガラス細工を組み立てるような丁寧な作業を経て、現在の説が成り立っているのである。史料の残存の度合いと、時系列による年次の蓋然性のなかで、先人の研究者により個別事象が明らかにされてきたのである。いわばミクロの世界の研究といっていいだろうか。

本書では合戦の規模の大小はあるにしろ、①広義・狭義を問わず「川中島」地域において発生し、②武田・上杉両軍の指揮系統のなかで起こった対陣もしくは戦闘について扱っていくこととしたい。

新出史料の出現や研究の進展によって年代比定が変わることもあるが、原則的に史料が限られる点は変わりなく、川中島の戦いに関わる研究はある意味で飽和状態といえる。

ミクロからマクロへ

そのなかで、平山優氏は川中島の戦いを局所的な合戦論にとどめず、関東の政治情勢の中に丹念に落とし込み、マクロの視点でこの合戦を見直している。ミクロからマクロへ視点を転換することで、両大名にとっての川中島の戦いの意味が改めて問い直せることが明らかになった（平山　二〇〇二）。当該合戦に関する書籍では最も詳細な研究である。

これまでの先行研究のなかで未解明の点もある。例えば長尾景虎が川中島に出陣した理由について近年の概説書をみると、いずれも武田軍に圧せられた北信の領主たちが景虎に救いを求め、これに応じた景虎がその救済を主たる目的として出陣した、という論調が目につく。実際に景虎は、北信濃の諸領主からの助力要請が出兵の要因と主張する（『歴代古案』など）。これは景虎らしい理詰めの論理であるが、額面通りに受け取ってよいものか。少なくともなぜ彼らが景虎へ助けを求めたのかという、信濃の諸領主からの視点については、まだ検討の余地があると考える。本書はその点を明示したいと考えている。その意味で、景虎がこの地域を地理的にどう捉えていたかという視点が必要である。

なぜこの地域で起こったか

信濃国「奥郡」

川中島の地政学的位置

善光寺平《ぜんこうじだいら》を中心とする千曲川下流地域は越後国、上野国との国境地域に位置している。この地域は中世では「奥郡《おくぐん》」と呼ばれた。中世の信濃国府（信府）は筑摩《ちくま》郡（現在の松本市）にあった。このため府中からみて辺境に位置する地域をこう呼んだ。天文二二年（一五五三）伊那・佐久郡を攻略した武田晴信は、水内《みのち》郡小川の武士大日方主税助直長《おびなたちからのすけなおなが》に対し「今度伊那・佐久悉《ことごと》く本意、内々この砌《みぎり》奥郡へ出馬すべく候」（大日方家文書『戦武』四一四）と記している。奥郡は四郡ともいい（島津文書『信史』一六、一七五）、水内・高井・更級《さらしな》・埴科《はにしな》各郡を指す。

信濃国府からみてもっとも「奥」に位置した国衙《こくが》領志久見《しくみ》郷（栄村）の市河氏は、かつては「辺境《へんきょう》領主」の代表的な存在として注目されていた（湯本　一九七二）。しかし近年では志久見郷は信濃の「辺境」であると同時に、越後国から信濃への入口（志久見口）でもあるフロントラインとしての理解も重要視されている。信濃ではもっとも日本海に近い位置にいるのが志久見郷市河氏であった。高橋一樹《たかはしかずき》氏は鎌倉時代の南北交通を重視し、北信の武士が越後国と深い関係を持っていたことを明らかにしている（高橋　二〇一三）。

北信濃と上杉氏

一四世紀以降、北信濃と上野・越後との交流をうかがわせる事例が数多く知られている（村石　二〇〇四）。両国とも山内《やまのうち》・扇谷《おうぎがやつ》上杉（両上杉）氏と関係が深い。室町時代の興福寺大乗院《だいじょういん》の門主尋尊《じんそん》の日記『大乗院寺社雑事記《だいじょういんじしゃぞうじき》』文明九年（一四七七）一二月条には、各国守護を書き上げた一覧が掲載されている。これによれば「信濃国上杉、小笠原」とある。この記述が必ずしも当時の守護の実態を示したものではなく、信濃が半国守護《はんごくしゅご》（二人守護）を併置した国だったとも即断できないが、中央で両上杉氏が信濃国に公権力を多分に行使していたと認識されていたことは紛れもない事実だろう。

室町時代、関東最大の大名でもあった関東管領上杉氏は、応永二三年（一四一六）に勃発した上杉禅秀《ぜんしゅう》の乱以降、山内上杉家が伊豆・武蔵・上野国守護、扇谷上杉家が相模《さがみ》守護、山内上杉家の分流（越後上杉家）が越後守護となり、分国が固定されていく。ちなみに、山内上杉憲政《のりまさ》は越後長尾景虎のもとへ逃れ、のちに上杉姓を譲与した。上杉謙信は山内上杉家の継承者となったのである。この五分国は日本海から太平洋を横断する、いわば「上杉ベルト」である（築瀬　二〇二二）。北・東信濃はこのベルト地帯との境目であった。

越後国にある信濃武士の所領

北信濃の武士のなかには、信濃だけでなく越後国内にも所領を分散して所有しているケースがある。

清和源氏高梨《たかなし》氏の名字の地（名字の由緒となる土地）は高井郡高梨郷（須坂市）であると考えられる。もともと千曲川に合流する八木沢《やぎさわ》川・松川《まつかわ》流域（須坂市・小布施《おぶせ》町・高山《たかやま》村）を中心に所領を持っていた。高梨氏はのちに中野（中野市）へ進出し千曲郡の左岸にあたる水内郡域へも所領を広げていった。そもそも鎌倉時代には高梨氏は信濃国だけでなく越後国の御家人としても把握され（「六条八幡宮造営注文《ろくじょうはちまんぐうぞうえいちゅうもん》」）、信濃川流域を中心に越後にも数多くの散在所領を獲得していた。

高井郡中野郷（中野市）の中野氏も、越後国頸城《くびき》郡へ進出していた。正平二〇年（一三六五）、南朝宗良《むねよし》親王から中野左馬助《さまのすけ》へ越後国頸城郡冨川《とみがわ》保（新潟県上越市）の所領を恩賞として与えられた（「山梨県立博物館所蔵市河家文書」）。享禄三年（一五三〇）にも中野弥九《やく》

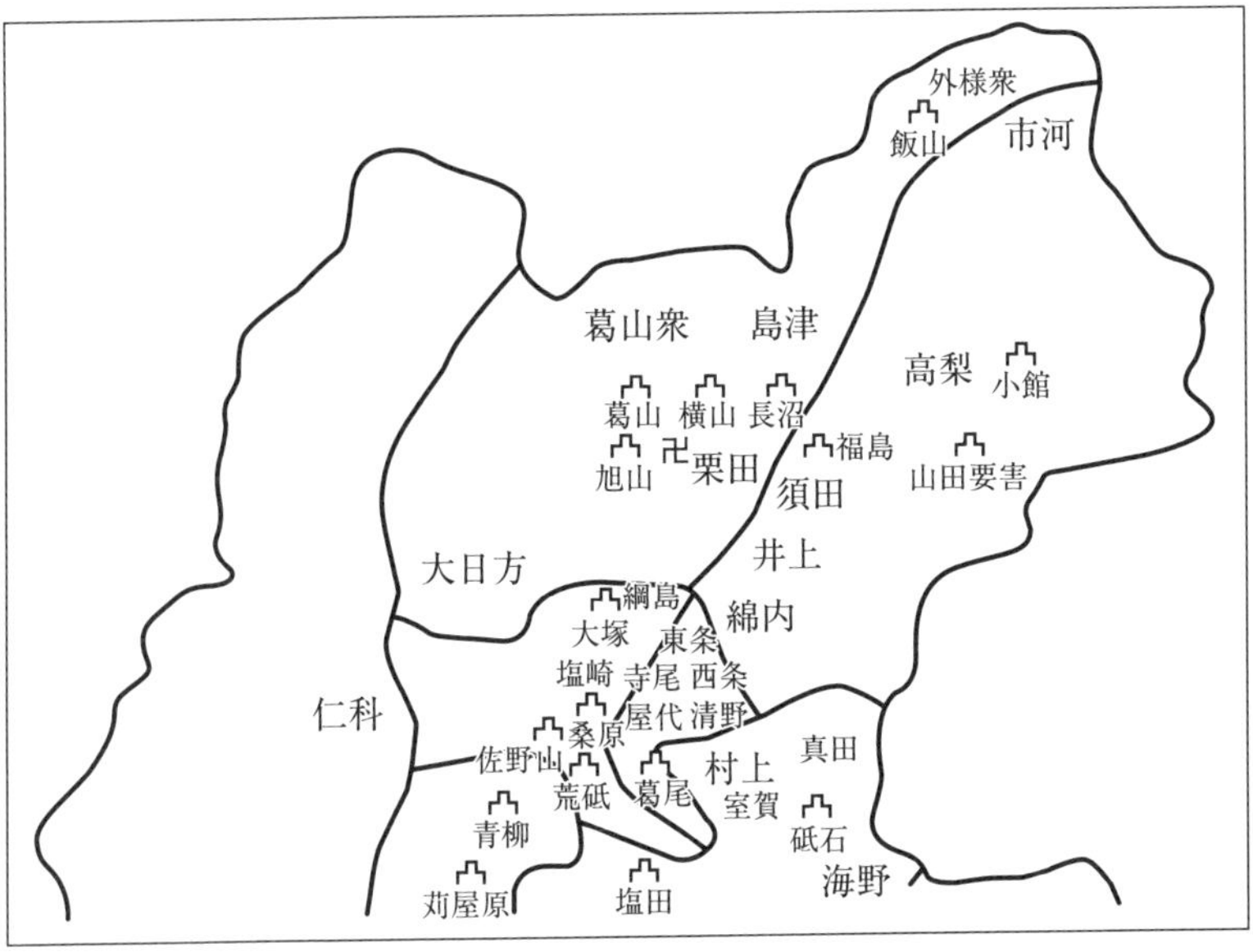

図9　北信国衆の所領

郎《ろう》が頸城郡夷守《ひなもり》郷手島に所領を持っていたことが高野山清浄心院《しょうじょうしんいん》所蔵の「越後国過去帳」に記されている。

上越・妙高《みょうこう》市内にあたる関川流域には飯山《いいやま》の外様衆《とざましゅう》（泉《いずみ》氏を核とした飯山周辺の武士）が所領を持っている。例えば外様衆の今《いま》清水《しみず》氏の名字の地は妙高市今清水にあたる。

一五世紀後半頃、越後国守護上《うえ》杉房定《すぎふささだ》および房能《ふさよし》の時代には、守護の意を受ける重臣として年寄《としより》が存在した。延徳三年（一四九一）に書き上げられた年寄衆書上《かきあげ》には、市川（河）和泉守憲輔《いずみのかみのりすけ》・物部越前守房泰《もののべえちぜんのかみふさやす》・市川孫二郎定輔《さだすけ》・市川大和守房宣《やまとのかみふさのり》がみえる。いずれも藤原姓を名乗ることから信濃国志久見郷《しくみ》の市河氏同族とみられる（片桐　二〇一〇）。例えば鎌倉時代末期に志久見郷地頭市河助房《すけふさ》の弟八郎経房《つねふさ》が物部郷（新潟県上越市）を得て物部八郎を名乗っているから、房泰はこの系統と推測される（山梨県立博物館蔵「藤原姓市川系図」）。市河氏が越後にも所領を有しており、守護上杉氏の被官となっていたことがうかがえるのである。

このように北信濃には、戦国時代以前から越後国にも所領を持っているものが少なからずおり、国域を跨《また》ぎ信濃川水系を軸に南北間に広域的活動をしていたことがうかがえるのである（高橋　二〇一三）。

永正の乱と信濃「上郡」

時を移そう。

越後における永正の乱と守護代長尾氏

一六世紀初頭には越後国内では守護と守護代が対立した。永正三年（一五〇六）八月、守護代長尾能景《ながおよしかげ》は越中国（富山県）に一向宗討伐のため出陣中に戦死し、為景《ためかげ》が家督を継承、守護代となった。長尾為景は守護上杉房能と対立した。永正四年に管領細川政元《かんれいほそかわまさもと》が家臣に暗殺されると、幕府の体制も動揺した（永正の錯乱《さくらん》）。これが波及し、越後・信濃両国内も内乱となる（永正の乱）。同年八月房能は為景に攻められて敗死した。その後、為景が守護に擁立したのは房能の養子定実《さだざね》。対する山内上杉憲房《のりふさ》は定実・為景を討つため上野国まで出兵した。永正六年（一五〇九）

七月、高梨政盛《たかなしまさもり》は為景の要請に応じ志久見口（栄村）から妻有荘《つまりのしょう》（新潟県津南町）へ入って憲房を破る。

八月になると前関東管領山内上杉顕定《あきさだ》（房能の兄、憲房の養父）が上野から越後国へ入った。顕定方には、信濃の井上・海野《かいの》・島津《しまづ》・栗田《くりた》各氏らがいる。関口（新潟県妙高市）から越後に入り、上田口（新潟県十日町市）も不穏となった。定実・為景方は政盛のほか、市河甲斐守・泉各氏が妻有でこれを迎え撃った。市河氏が上杉定実の父房能の年寄衆であったことも要因しているだろう。敗北した定実は幕府へ救援を求めた。将軍足利義稙《よしたね》は定実に対し西浜口（新潟県糸魚川市）から高梨口を経て越後へ入国するように命じた。姫川を遡って筑摩郡を経由し奥郡の高梨氏の拠点に入ってから志久見から越後国妻有へ入る計画である。

政盛らは越後板山《いたやま》で顕定を迎撃した。為景と合流した政盛は椎谷《しいや》（新潟県柏崎市）で憲房を攻め妻有に敗走させた。越後国府へ進軍した為景は上野へ敗走する顕定を長森原《ながもりはら》（新潟県南魚沼市）で自害させた（森田　二〇一四）。憲房を追った政盛は中野へ凱旋する。

ここでは越後における永正の内乱に北信濃の領主が越後国守護上杉定実・守護代長尾為景方として加わった点を強調したい。それぞれが各自の判断で自分勝手に参加したとは考えがたい。一定程度、守護上杉氏によって北信濃の領主らに軍勢催促がおこなわれたとみるべきだろう。為景は奥州伊達氏へも戦況報告や出兵要請をおこなっている（伊達文書『信史』一〇、三一二）。越後における永正の乱は周辺諸国を巻き込んだものだった。

信濃における永正の乱と長尾氏

上杉定実と長尾為景の間にも隔壁が生じた。永正一〇年、守護定実に従う軍勢が越後府中で反為景の行動を起こしたので、為景は定実を自分の自邸に押し込め、反為景勢力の反乱を抑えた。高梨政盛の子澄頼《すみより》は長森原《ながもりはら》（新潟県南魚沼市）に出兵した。

守護代長尾為景に反発した定実が挙兵すると、高梨澄頼は為景側に参じた。七月二七日、村上（坂城町）・香坂《こうさか》領小島田《おしまだ》（長野市）で高梨家臣夜交景国《よまぜかげくに》・小島高盛《こじまたかもり》らが反乱を起こした。高梨氏に滅ぼされた中野一族の牢人衆も反乱を起こした。この不穏な動きを千曲川河北の島津貞忠《しまづさたただ》（長野市長沼）は越後守護代長尾為景に報告した。貞忠は、千曲川河東地域の通路については須田氏・綿内《わたうち》（井上）氏に、対岸の河北地域を貞忠にそれぞれ任せるべきことと、中野牢人衆を取り締まらせるべきことを提言している（上杉家文書『信史』一〇、三六七）。

信濃島津氏が北信濃四郡の千曲川両岸の検断《けんだん》について、越後国守護代長尾氏を通じて、守護上杉氏に上申しようとしていた。つまり越後上杉氏のもとに信濃の諸勢力が位置付けられていた。このように信濃における永正の乱では、北信濃の四郡の少なからざる武士が越後国の上杉・長尾氏と連動して動いている。森田真一《もりたしんいち》氏は、山内上杉氏の被官の分布から、その権力基盤が東信濃から西上野・西武蔵に広がっていると指摘する（森田　二〇一四）。尋尊が述べたように、信濃国が山内上杉氏の影響範囲と認識されていたことがまさに現実の問題として改めて想起されるのである。

北陸の一向一揆の研究で知られる井上鋭夫《いのうえとしお》氏は、北信濃と上越の関係を一向宗（浄土真宗）との関わりから着目していた。一向宗寺院の本末関係をみても、頸城郡《くびきぐん》南部では、浄興寺《じょうこうじ》・本誓寺《ほんせいじ》・勝願寺《しょうがんじ》など高井郡・水内郡の大寺の道場が多く、文化的にも頸城地方と善光寺平が深く関係していたと見通す。井上氏は、川中島の戦いについても、武田信玄の北信計略によって謙信が川中島へ関心を持ち始めたのではない、と喝破している（井上一九六四）。つまり、この合戦は北信濃と長尾氏との地域的な関係を念頭に考えなくてはならないのだ。

長尾景虎の領域意識

では、父為景から家督を相続した長尾景虎（のちの上杉謙信）についてもみておこう。

景虎もまたこの地域を特別視している。弘治三年（一五五七）五月一〇日、景虎は高井郡元隆寺《がんりゅうじ》（飯山市）に願文《がんもん》を奉納した。これによれば、景虎は飯山《いいやま》城から馬を出し「明日速やかに上郡《かみぐん》に赴く」と宣言した（謙信公御年譜『上史』一四七）。実際に一二日には香坂（埴科郡　長野市松代）に進出、一三日は敵を坂木《さかき》（埴科郡　坂城町）・岩鼻《いわばな》（埴科郡　坂城町南条）まで打ち散らしたと記す（渡辺謙一郎氏所蔵文書『上史』一四九）。

ここで注目したいのが「上郡」という表記である。越後国において「上郡」といえば、西南部の頸城郡と魚沼郡とを汎称したもので、ほぼ現在の上越地方にあたる。景虎が高井郡元隆寺から翌日、越後国上郡へ移るとした場合、景虎はいったん越後国へ兵を退かせてから改めて更級郡へ出馬したことになる。これは戦術上においてかなり違和感がある。景虎が出馬した坂木・岩鼻は、小県郡すなわち北信四郡との境であり、北信四郡の南端にあたる。仮に景虎が更級郡・埴科郡までを越後守護権力の及ぶ地域と認識していた場合、景虎は飯山以北の北信濃を「上郡」と意図的に呼称していた可能性がある。

実際、永禄七年（一五六四）七月に川中島へ出陣するため、上野国小山重朝《おやましげとも》に対し景虎

（このときは輝虎）が「明日廿四、信州に至り必ず乱入、時日を移さず、かの国上郡へ押し詰めるべく候」と述べ、北信濃を「上郡」と称しているのである（群馬県立歴史博物館文書『上史』四二三）。

この地域を「奥郡」と称するのはもっぱら武田晴信であり、上杉氏関係文書で北信濃四郡を「奥郡」と称する史料は今のところ残されていない。国府からの遠隔僻遠《へきえん》、あるいは官道（東山道）を通じた畿内からの距離感として武田氏は「奥郡」、上杉氏は越後国上越地方だけでなく北信濃も「上郡」とあえて称したのかもしれない。

両者がこの地域をどう認識（呼称）したかという観点は、北信濃を地政学的に鳥瞰《ちょうかん》する際に重要な視点である。何故長尾景虎が北信濃へ出兵したのかというヒントがここに隠されていると思われる。

武田氏の信濃侵攻と小笠原氏

信濃守護小笠原氏

小笠原氏の守護就任と春近領

大乗院尋尊《だいじょういんじんそん》が述べたもう一人の信濃守護が小笠原氏である。義光流清和源氏の武田氏甲斐源氏は前九年合戦で功をあげた源頼義《よりよし》の三男義《よし》光《みつ》を祖とする。義光の子義清《よしきよ》が常陸《ひたち》国那珂《なか》郡武田郷に土着し武田姓を名乗り、その後甲斐国に移った。義清の孫加賀美遠光《かがみとおみつ》の次男長清《ながきよ》が小笠原荘を名字として称したのが小笠原氏の始まりである。鎌倉時代、遠光は信濃国司となり、その次男長清は阿波国守護となった。長清の子時長《ときなが》、朝光《ともみつ》は信濃国伴野《ともの》荘・大井《おおい》荘（いずれも佐久郡）に所領を得た。戦国時代の信濃守護小笠原長時《ながとき》が武田晴信に追われた際に、長時を庇護したのが三好長慶《みよしながよし》であった。三好氏は阿波国守護となった小笠原一族から派生したとされる

（長江　一九六八）。

南北朝時代、足利尊氏《たかうじ》により貞宗《さだむね》が信濃国守護に任命された。貞和三年（一三四七）尊氏が貞宗に対し春近領《はるちか》のうち半分を勲功の賞として給付した。春近領は国衙領《こくが》で鎌倉時代守護北条《ほうじょう》氏の所領であるから、守護の権益のうち半分が小笠原氏に継承されたのである。守護を二人併記した尋尊の記録の蓋然性が高いものとみなせる所以である。

図10　南北朝時代の信濃守護小笠原貞宗
（長野県立歴史館所蔵）

その後の小笠原氏

実は信濃国は小笠原氏のほか、時期により山内上杉氏や斯波《しば》氏も守護となり、あるいは幕府直轄地となった。南朝系の反乱や自立する国人《こくじん》との対立もあり、小笠原氏の守護としての人的基盤は必ずしも盤石ではなかった。室町時代の守護は在京が原則だったが、将軍足利義満《よしみつ》の命により信濃国守護として現地に下向したのが小笠原長秀《ながひで》であった。しかし長秀は大塔《おおとう》合戦（応永七年〈一四〇〇〉）で東北信の国人連合に敗れ、結局帰京し守護を解任された。その後林《はやし》城を拠点とする府中小笠原氏（松本市井川）、松尾小笠原氏（飯田市松尾）、さらに鈴岡小笠原氏（飯田市駄科《だしな》）の三者が分裂し、小笠原氏は争いを繰り返した。小笠原氏の基盤は更に脆弱となった。

小笠原氏を統一したのが府中小笠原長棟《ながむね》である。天文二年（一五三三）に伊那へ出兵し他氏を征圧、翌年頃までに次男信定を松尾城に置いた。長棟の嫡男が長時で天文一一年（一五四二）に家督を継ぐ。隣国甲斐国でもこの前年、守護武田信虎《のぶとら》を追放し晴信が国主となっていた。

武田晴信の府中侵攻

長時と信濃国衆の動向

武田晴信の父信虎が領国で発給した文書は現在三〇通以上確認できる。武田氏はすでに信虎の時代から印判状《いんばんじょう》を多用し、文書を領国支配に活用していた。いっぽう、同時期の信濃守護長棟は印判状はおろか、書状を含めた発給文書は今のところ確認できない。天文一〇年（一五四一）前後の両者の領国経営には大きな開きがあったのである。

小笠原氏は、その家臣団の基盤は中南信を中心とし、国外の氏族も含む脆弱なものであった。小笠原長棟は、娘を北信の村上義清《むらかみよしきよ》、上伊那の藤沢頼親《ふじさわよりちか》に嫁すことで縁戚関係を結んでいる。長時もまた、娘を安曇《あずみ》の仁科盛能《にしなもりよし》（道外《どうがい》）に嫁している。

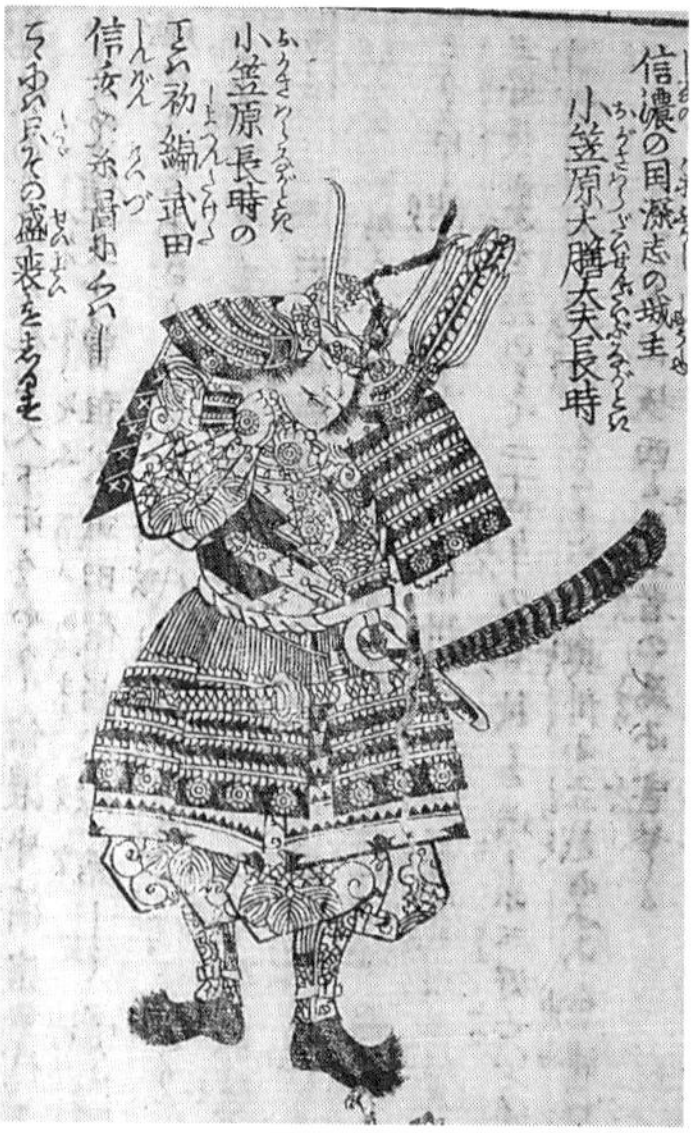

図11　小笠原長時（長野県立歴史館所蔵）

この関係は単なる縁戚ではない。天文一四年（一五四五）武田晴信による福与城《ふくよ》（上伊那郡箕輪町）攻めに対して長時は藤沢頼親を救援し、同一七年の諏訪下社へは村上・藤沢らとの共同出兵をおこなうなど、相互に積極的な軍事協力体制を持っていた（村石　二〇一七）。

村上義清はどうか。天文一七年、武田晴信は佐久郡を制圧し小県郡へ進出する。武田軍が村上氏の拠点の坂木（埴科郡坂城町）の手前上田原《うえだはら》で戦闘となり板垣信方《いたがきのぶかた》・甘利虎泰《あまりとらやす》らが討死し敗北する（『甲陽日記』・『勝山記』『信史』一二、三六七）。すでに武田方に降っていた佐久郡長窪大井貞清《おおいさだきよ》は上野国小林平四郎に対し当郷《とうごう》（青木村）一万疋の所領を与える約束をした。義清ら信濃国衆は、武田軍に抵抗するため、隣国上野国守護である関東管領山内上杉憲政《やまのうちうえすぎのりまさ》に軍勢派遣を要請した。東信濃の国衆らはその見返りとして、その地域の

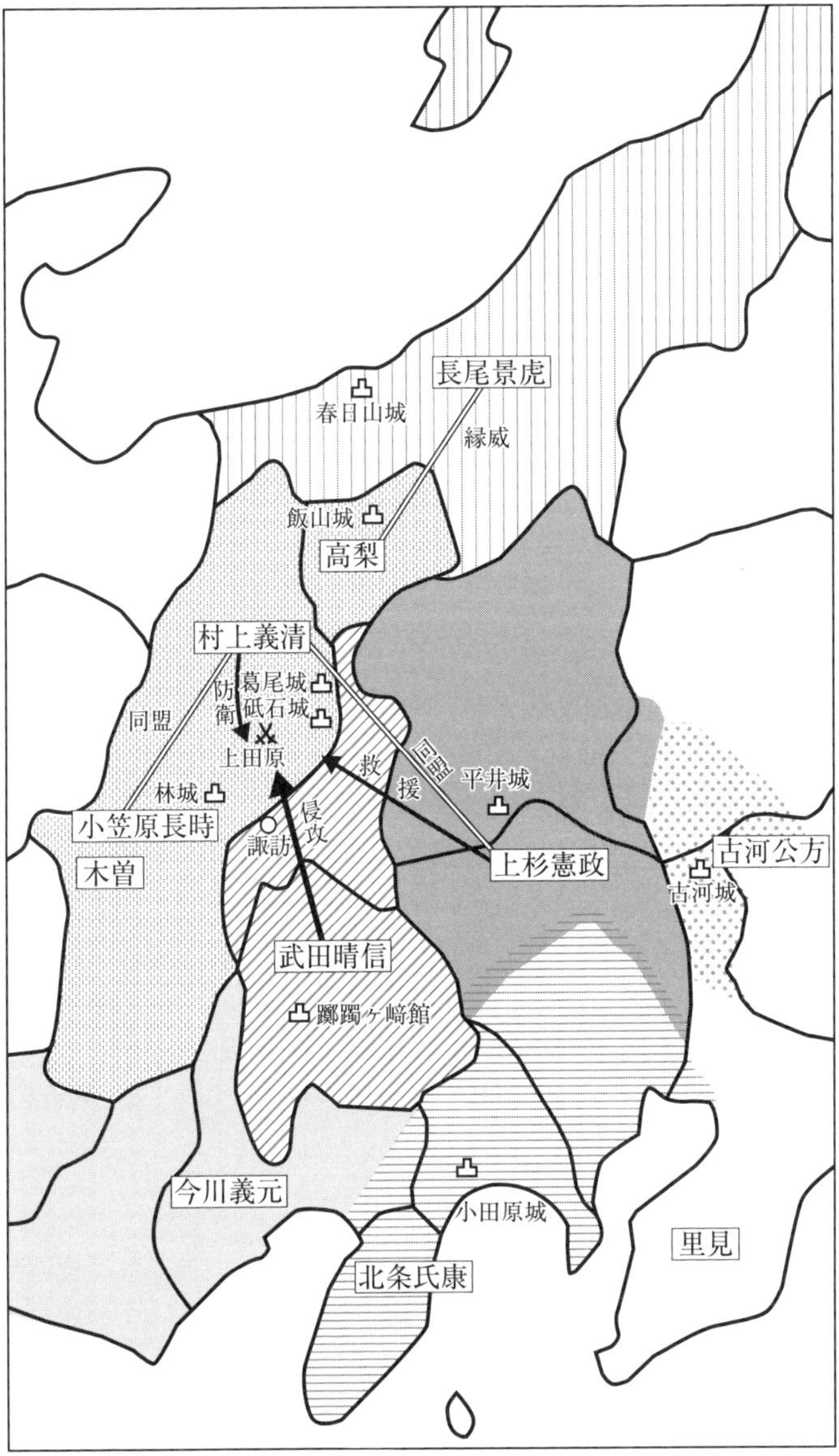

図12　天文17年勢力図

所領の割譲を約束した。上信の境目の武士たちは上杉氏と通じていた。その仲介をしたのが大井氏だった。山内上杉氏は北条氏によって攻撃にさらされていた。さらに武田氏の上野国攻撃に備えて、憲政は義清を中心とする信濃領主と上信同盟を結ぶことで対抗したのである（峰岸　二〇〇八）。この視点は後の川中島の戦いにおける武田・北条など「関東連合」と上杉陣営（長尾景虎・上杉憲政、村上義清等の信濃領主）の対立軸へと継承されたとみられる（村石　二〇一七）。

長時は上田原の合戦で村上義清が勝利すると、これを追い風に義清や藤沢頼親・仁科道外らとともに諏訪へ侵攻した。その最中、長時は塩尻峠《しおじりとうげ》で晴信に敗北を喫した。天文一九年（一五五〇）には林城が落城し長時は本拠地を追われた。

なお小笠原氏の歴代の事績を史料によって表した家譜が『笠系大成《りゅうけいたいせい》』である。江戸時代、小笠原氏の直系は九州小倉《こくら》藩主となった。『笠系大成』は家臣が所持する文書類をもとに信濃時代の小笠原氏について記述した貴重な史料である。これによると村上義清は林城陥落後の長時に対し「村上義清先祖正統を忘れず、請待《しょうたい》せしめ、本位の計策をめぐらす」とし、「清野と申す侍に仰せ付けられ、御馳走申され候」と村上家臣清野氏を通じ一族の正統である長時の林城へ復帰計画を廻らせた。このように天文一七年（一五四八）段階では、小笠原氏と村上氏の縁戚関係とともに、村上・海野《うんの》らの小県郡の国衆と関東管領上杉氏との同盟関係は、信濃武士たちの抗争の支えとなっていたことがうかがえる。「上杉ベルト」に接する東信地域の地政学的な特徴といえる。

武田晴信と小笠原憩庵

小笠原氏には同族武田氏との接点を持つものがいた。それが長時の叔父（貞朝《さだとも》の次男）憩庵《けいあん》（左衛門尉定政《さえもんのじょうさだまさ》）である。憩庵は晴信の糾方《きゅうほう》（小笠原流弓馬術）の師範であった（笠系大成『新叢書』一二、一四二）。天文一五年（一五四六）五月、晴信による佐久郡大井貞隆《おおいさだたか》の内山城（佐久市）攻めに際して、「小笠原ト金吾両人」が晴信のもとを訪れた直後、貞隆は降伏して野沢へ移った。同じく天文一六年七月の佐久郡志賀城攻めには「小笠原、金吾、山辺参陣」と見える（甲陽日記『新叢書』八、三七）。平山優氏は、ここでいう金吾は左衛門尉（中国風の呼称で金吾）定政（憩庵）を指すとした。憩庵が晴信と同族の府中小笠原氏をつなぐ使者の役割を果たしており、しかも同じく同族の大井氏に対する和睦勧告の交渉役を委ねられていたこと、しかも憩庵とともに大井氏との交渉をおこなったのが他ならぬ長時であったと推論している（平山二〇〇二）。ちなみに、後年になるが天文二一年、長時への降伏勧告に際して、「一門の儀に候間、如在《によざい》あるまじき由仰せられ候」と、武田と小笠原が一門だから（降伏しても）ぞんざいに扱うことはしない、という晴信の言葉を伝えたのも憩庵であった（二木寿斎記『新叢書』八、八〇）。憩庵のように、敵対する勢力との間を取り次ぐ一族（同名）はしばしばみられる。しかも、ここで長時も同族大井氏の和睦交渉に赴いているとすれば、平山氏が述べるように晴信と長時がこの段階でいったん和睦していた可能性も高い。実は長時の次男である貞次《さだつぐ》（長友《ながとも》）は僧となっていたが、晴信の養子となり右馬助《うまのすけ》を称した（笠系大成『新叢書』一二、一六二）。あるいは和睦に際し人質として武田家に出仕したのかもしれない。

佐久郡を陥れられた村上義清は、来たるべき晴信との戦いに「重大な決意」を持っていた（平山　二〇〇二）。そのため縁戚である長時を「請待」し、陣営側の主に推戴《すいたい》し、共闘したことは前述したとおりである。

小笠原長時と室町幕府・同名

追放された小笠原長時は天文一九年七月、五月に死んだ将軍足利義晴《よしはる》の代替わりとして就任した義輝《よしてる》への祝賀として馬・太刀を献上した。取り次いだ政所執事伊勢貞孝《いせさだたか》に対する書状に「向後別して申談ずべきの覚悟に候」と記されているので、長時側からの何かしらの要請があったことがわかる。この要請に対して翌八月に義輝の出した御内書《ごないしょ》には具体的な内容は記されていないが、おなじ小笠原氏の出である奉公衆小笠原稙盛《たねもり》から長時に書状が添えられた（『笠系大成付録』『信史』一一、四六六）。そこには「御代替の御礼申し入れ候、勢州へ申し談じ、具《つぶさ》に馳走、御内書をなされ候、珍重に存じ候、次いで近年不慮御所取り退かれるの由、勿体なく候、その国の諸侍中につき、御下知申請せらるの事候はば、重ねて仰せ上げらるべく候」と記されている。ここから、長時から将軍義輝への賀意送達が奉公衆《ほうこうしゅう》であった同名《どうみょう》稙盛を通じて政所執事伊勢貞孝におこなわれたこと、これを受けた義輝が信濃国国衆に対して将軍の御下知を申請するなら重ねて上申するよう長時に伝えたことがわかる。

幕府将軍の出す命令文書のうち御内書は室町時代中頃から増加する。名称の通り、内々の文書で書状形式を取ることが特徴である。また将軍が直接花押を据え、具体的な内容は近臣が具体的に口上する副状が多くの場合添付されている。将軍の内々の命令が、将軍の近臣によって発信される形態で、将軍との人的結びつきが強い特徴がある。

同名という言葉はあまりなじみがない。同じ名字を名乗る一族という程度の意味だ。戦後、中世武士論の主要な論点として封建的主従関係の構造解明があり、研究蓄積も厚い。土地を媒介にした支配関係でもあるタテ軸の主従制とは別の観点も提起されている。甲乙双方は主従関係は有さないが、同名同士が在地と都に併存し、「縁《えん》」や緩やかな共通の

「ネットワーク」を用いて、双方が役割分担するという考え方である。武士同士の横のつながりを筆者は「同名氏族間ネットワーク」と呼んでいる（村石 二〇一六）。

室町幕府は国人を通じて守護による遵行《じゅんぎょう》もしくは幕府から派遣される奉公衆などによる両使遵行を命令するとし、幕府御家人（近臣）と各国の国人が職掌上で密接に関わっている。在京しなくなった守護も同様で、小笠原氏も京都にいる同名が将軍と在国守護との間で奔走していたのである。同じ小笠原氏ではあるが、守護小笠原氏と京都小笠原氏には明確な主従関係はない。同名という縁でつながるのである。こうしたいわゆる「将軍―奉公衆・守護―国人」という構造は、後期室町幕府体制における地域支配の考え方の一つである。

長時の逆襲

窮地に立っていた守護小笠原氏は、天文一九年八月に同名京都小笠原氏を通じて将軍からの協力を得ることができた。早速、信濃国内の勢力関係に変化が生じた。九月にはこれまで敵対していた坂木の村上義清と中野の高梨政頼《たかなしまさより》が、双方からの半途《はんと》（中間地点）で対面し和議を成立させる（甲陽日記『新叢書』八、四一）。そして義清は砥石《といし》城（上田市）の攻防で晴信の攻撃を退け敗北に追いやった（砥石崩れ）。同年一〇月、余勢を駆った義清は、長時とともに平瀬城（松本市）から共同出兵し、義清は塔《とう》之原《のはら》（安曇野市明科《あかしな》）へ、長時は氷室《ひむろ》（松本市梓川）へ陣取り、晴信により占拠された深志城を奪還させ、長時の府中復帰を実現させようとする。このとき、すでに武田方に付いていた小笠原旧臣である塩尻・西牧《にしまき》・坂西《ばんざい》等の国衆らが、残らず長時に再帰属を果たす。一時的なものとはいえ、守護長時のもとへ軍事的結集がはかられた。この事件はあまり注目されていないが、この動きは、幕府将軍によって発せられた御内書が長時復帰への戦時協力命令の役割を持ったことを表している。結果的に深志城攻略は失敗に終わるが、長時は室町幕府体制のなかで、同名の奉公衆を介し室町将軍のもとで守護復帰を画策し、信濃支配を目指そうとしたと評価できる。

室町時代、地方に在国する大名《たいめい》や国人は様々なチャンネルを有し、室町将軍とのつながりを持った。小笠原氏でいえば同名の幕府直臣であった。また将軍に近侍する摂関家近衛《このえ》家など側近公家衆と結びつく大名もいる（高梨　一九九八）。

同名の観点で言えば、信濃村上氏自身も幕府奉公衆を輩出する家であったことから、義清がたびたび上洛したことや、将軍家の偏諱《へんき》を拝領した可能性もある。義清の所領は石清水八幡宮領小谷荘《おうな》にあり、八幡宮祠官家の善法寺《ぜんぽうじ》と交流を持っていたこともこれを想起させる（村石　二〇二三）。天文一九年には坂木村上郷（坂城町）の住人が京都におり、醍醐《だいご》寺《じ》理性院《りしょういん》厳助《げんじょ》と申し合わせて信濃国への帰国に同道した。厳助は、信州下向の際の暇乞の返書として朝廷より拝領した後奈良《ごなら》天皇の女房奉書を持参し、文永寺（飯田市）へ向かった。厳助は筆まめで彼の自筆日記（『厳助往年記』）には、この年一〇月に「信州村上領知分作久《（小県）》郡において、甲州衆五千許《ばかり》打死云々」と砥石城における武田氏の敗戦を伝聞として簡潔に記す。厳助は都から離れた地方の合戦結果に関心を示していた。この武田敗戦の記事は、厳助と旅をともにした村上氏の関係者を情報源として得られたものではなかろうか。

長尾景虎の出兵論理

天文一九年（一五五〇）、深志城奪還に失敗した長時は終生府中には戻ることはできなかった。転戦した長時は、高梨氏家臣草間《くさま》氏館（中野市草間）に滞留したあと、長尾景虎のもとへ赴く（笠系大成『新叢書』一二、一五四）。その後松尾から下条へ移り新野から伊勢国榎倉《えのきくら》氏のもとに滞留したという（溝口家記『新叢書』八、九九）。次いで京都へ赴き、摂津国芥川《あくたがわ》城（大阪府高槻市）の小笠原同族三好長慶のもとへ迎えられ、以後永禄一一年（一五六八）まで三好氏の客将として滞在した。長時は、嫡子長隆《ながたか》を景虎のもとに留め置き、長隆は景虎と転戦する。後述のように越後国は小笠原氏にとって東国の唯一の足がかりとなった。

高梨政頼も天文二一年末に上洛し、本願寺《ほんがんじ》証如《しょうにょ》と面会している（『本願寺天文日記』『信史』補上、三八八）。高梨氏は笠原本誓寺の檀那で、一向宗の有力信者であった。笠原本誓《かさはらほんせい》寺《じ》は現在新潟県上越市にあるが、戦国時代まで高梨領高井郡笠原（中野市）を拠点としていた。天文二二年第一回川中島の戦いの後、景虎が初めての上洛をおこなった。このとき路次の手引きをしたのが笠原本誓寺超賢《ちょうけん》であった。

小笠原長時を迎えた三好氏は、前述のように阿波国小笠原氏を祖とする。長慶自身、長時を一族の大名として礼を尽くす（笠系大成『新叢書』一二、一五五）。二二年秋の景虎の上洛に際し景虎と本願寺証如との音信仲介をしたのが長慶であった（『本願寺天文日記』上、七〇〇）。

景虎は足利義輝へ京都雑掌神余実綱《かなまりさねつな》を通じて数多くの礼物を進呈した。この進物に対して、天文二一年五月、五摂家筆頭の近衛家出身（稙家の子）の大覚寺門跡義俊《ぎしゅん》は従五位《じゅごいの》下《げ》・弾正少弼《だんじょうしょうひつ》任官を朝廷へ推挙する将軍御内書を発給する確約を景虎に送っている（『上杉家文書』四四二・四五〇）。これ以前になるが、義俊は天文一九年将軍から景虎に白傘《しろかさ》袋《ぶくろ》・毛氈鞍覆《もうせんくらおおい》が下付された際の斡旋をしている（『上杉家文書』四三七）。後述するように近衛家が側近公家衆として長尾氏と関わりを持つのはこれ以降のことである。

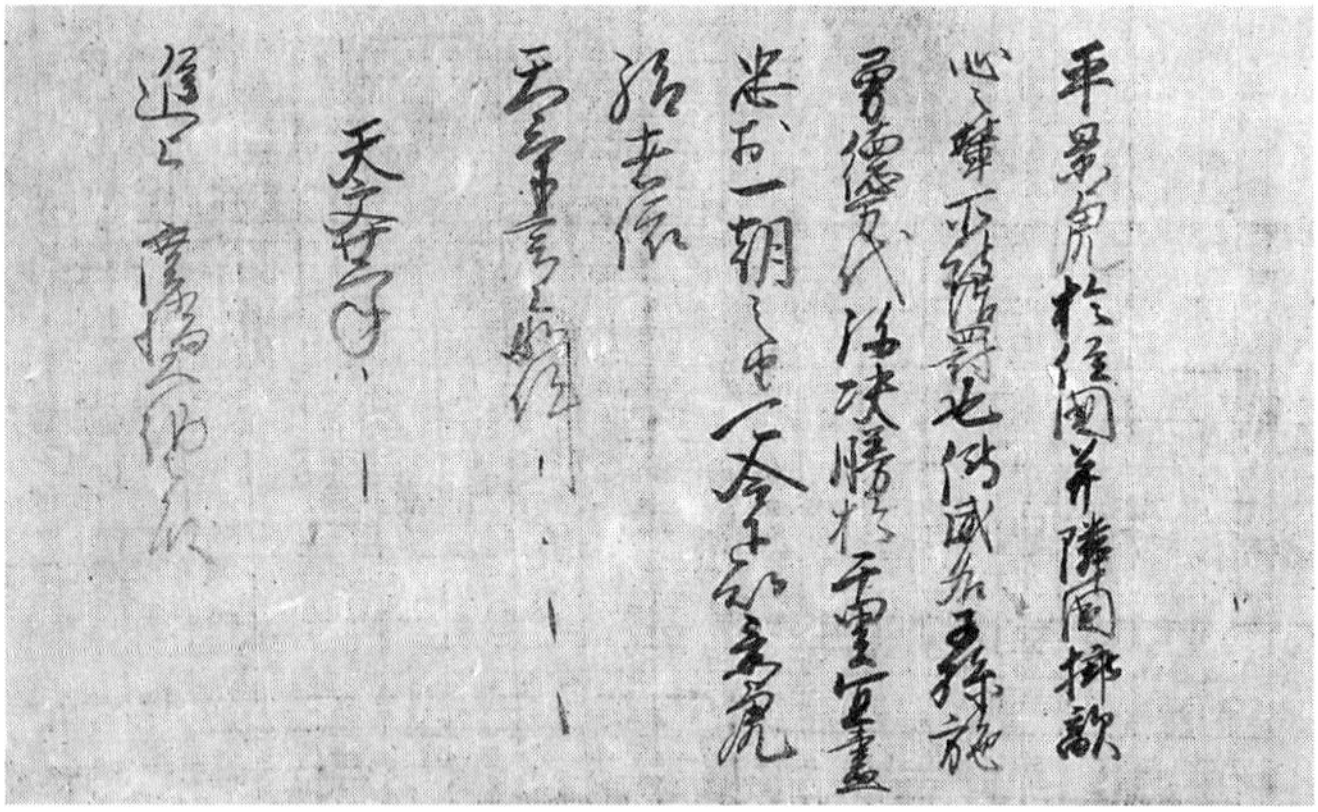

図13　治罰の綸旨（後奈良天皇綸旨写，米沢市上杉博物館所蔵）

長尾氏の京都志向は、永正の乱以降、衣服の原料となる越後産青苧《あおそ》の流通支配権を強化するなかで強められていた。京都へ青苧を輸送する役銭徴収にあたったのは伊勢出身の商人蔵田《くらた》氏であった。特に蔵田五郎左衛門尉《ごろうざえもんのじょう》は、越後府中など上杉直轄領の代官として景虎の内政に関わる。

上洛する景虎が重視したのは加賀国であった。当時加賀は一向一揆による支配がおこなわれていた。越前国朝倉氏もまた加賀・越前の一向一揆に悩まされていた。天文二一年、景虎からの書状に対し、当主朝倉義景《あさくらよしかげ》の後見人で家宰の朝倉宗滴《そうてき》（教景《のりかげ》）は「御父長尾為景様の存命の時には相互に書状のやりとりをしていましたが、久しく途絶えていました。これからは親しくさせて頂きたく思います」と返信している（上杉家文書『上史』

八〇）。水藤《すいとう》真《まこと》氏は、一向一揆の対応に苦慮する双方が連携を模索していたとみる（水藤一九八二）。この点については後で触れたい。

景虎は上洛により後奈良天皇の綸旨《りんじ》を獲得した（治罰《じばつ》の綸旨）。治罰の綸旨とは、特定の勢力を退治し懲罰することを天皇が命令したものである。したがってこの受給については種々の上杉側のロビー活動（働きかけ）、とくに大覚寺義俊など将軍側近公家衆を通じた接触があったとみるべきだろう。そしてその結果、綸旨を得た景虎は住国《じゅうこく》（越後国）のみならず隣国（信濃国）への出兵の根拠を得た。景虎はこれ以降、川中島の戦いに関しては公的権力の承認をもとにおこなおうとする姿勢を随所にみせる。例えば弘治三年（一五五七）の義輝御内書（停戦命令）、永禄四年（一五六一）の上杉憲政・小笠原長時救援の義輝御内書、永禄一一年の「甲相越三和」の義昭御内書などは、景虎の出兵・停戦の根拠として利用されている。長尾景虎はなぜこの時期上洛し、治罰の綸旨を得る必要があったのか。

信濃国衆の離反

天文二二年三月二一日、水内郡大日方《おびなた》入道が安曇郡千見《せんみ》城（大町市美《み》麻《あさ》）を奪還し、同じく戦功のあった大日方主税助《ちからのすけ》を賞した。従来この文書は、天文二四年と比定されていた。大木丈夫《おおきたけお》氏は、この文書の文頭に「いまだ啓せず候といえども」とあり、晴信から大日方主税助に宛てた最初の書状であることを指摘した（大木　二〇二〇）。とすれば、武田・北条・今川による三国同盟に関わる内容を報じた天文二三年九月二六日付「武田晴信書状」より前のものと位置づけなくてはならず、天文二四年説は成り立たない。北安曇の攻略が晴信の課題であった天文二二年に比定されるべき文書である。なお大日方氏は惣領家と庶子家に分裂しており、惣領家の大日方讃岐入道は天文二一年には武田家に臣従していた。天文二二年正月二八日、晴信は信濃へ出馬することを伝えた。翌閏正月二四日には仁科盛康《もりやす》（盛能の子）が武田方へ出仕した。庶子主税助は二二年に親武田方に転じ、千見城を一族で攻め落としたのである。

晴信が実際に甲府を出馬したのは三月二三日であった。『甲陽日記』（武田晴信の側近駒《こま》井政武《いまさたけ》の日記）によれば、四月五日、村上義清の家臣屋代政国《やしろまさくに》・塩崎方が武田方に内応したので、桑原（千曲市）の地がつつがないことが報告された。桑原は、のちに武田氏の拠点となる佐野山城もある場所で、犀川筋から猿ヶ馬場《さるがばんば》を経て更埴地域に入る善光寺道と、小県から村上を経る道の交錯する要所だ。埴科の屋代氏、更級郡の塩崎氏が内応したことで晴信の奥郡侵入ルートが確保できた。

戦略上の失点により窮地に立たされた義清は、とうとう九日には葛尾《かつらお》城を自落（戦わずみずから壊して落城させ、撤退すること）させて、逃亡した。この知らせを受け、内応していた屋代・塩崎両氏は正式に武田方に降伏してきた。

また小笠原旧勢力の掃討作戦も同時におこなわれていた。四月二日苅屋原城《かりやはら》（松本市四賀）を攻め、太田《おおた》長門守《ながとのかみ》を生け捕った。この報を受け塔原城《とうのはら》も自落した。三日、会田《あいだ》の虚空蔵山城《こくぞうさん》まで放火し、苅屋原城を攻撃した。その後今福《いまふく》石見守《いわみのかみ》がこの城の城代となった。一五日巳刻、武田軍は苅屋原を出立し、青柳《あおやぎ》（筑北村）へ着陣した。更級郡石川氏（長野市篠ノ井）や坂木の大須賀《おおすが》久兵衛《きゅうべえ》も晴信に対面した。一六日には更級郡牧之島（長野市信州新町）の香坂氏が従属した。村上氏の家臣室賀《むろが》信俊《のぶとし》も降伏した。四月一八日のことである。

治罰の綸旨へ

このように、義清の家臣屋代・塩崎・石川・大須賀といった更級・埴科郡域の北国街道筋の国衆が武田方に付いたことは、景虎自身の焦りとなった。林泉寺前住の天室光育《てんしつこういく》に宛てた景虎の書状には「信州の儀、燐州《りんしゆう》勿論《もちろん》候と雖も、村上方を始めとして、井上・須田・島津・栗田、其外連々申し談じ候、殊に高梨事は、取り分け好《よし》みある儀の条、旁《かたがた》もって見除《みのぞか》せしむべきにあらず」（『歴代古案』『上史』一三四）と記され、義清やそのほかの「彼国味方中」が景虎に対し、武田氏の件で申し入れをしたということが信濃出兵の理由の一つとされる。とくに高梨氏は長尾氏の縁戚で、景虎にとっては見過ごす訳にはいかなかったという。

このの っぴきならない状況のなかで、景虎に与えられた先の綸旨は、北信濃へ出陣するための正当性を得るものに他ならない。更級・埴科以北の信濃国「味方中」が景虎へ具申する構図は、越後・信濃における永正の乱における長尾為景と高梨や泉各氏など外様衆との連携の枠組みと重なっている。また、隣国信濃の敵を討伐するために、このような綸旨が与えられること自体、北信濃が景虎による公権力の波及すべき地域として認識されていたことを示すものである。京都への志向を強めた景虎自身のロビー活動、とくに将軍側近公家衆などとの関係を通じて将軍家および朝廷との関係を深めた結果でもある。

富田正弘氏は室町時代半ば以降、幕府と主従関係を結んだ公家が側近公家衆として重要な役割を果たしており、「公武融合政治体制」を支えていたとする（富田　一九七八）。この将軍側近公家衆のなかでも五摂家筆頭の近衛家の役割は極めて大きかった。越後長尾氏についてみると、前述したように天文一九年景虎が朝廷より白傘袋毛氈鞍覆を拝領した際のあっせん、従五位下の位階と弾正少弼の官途を得た際の折衝・仲介は近衛家当主稙家《たねいえ》の弟大覚寺門跡義俊《ぎしゅん》が担った。高梨真行《たかなしまさゆき》氏は、将軍直臣が特定の大名を取次ぐ形が戦国時代の一般的な形とし、門跡がこれに関わるというのが将軍足利義輝の時代の特徴とみている（高梨　二〇〇七）。確かに、後述のように義輝の時代に聖護院門跡道増《しょうごいんもんぜきどうぞう》・道澄《どうちょう》が各地に下向していることが知られる。しかし、義俊同様、道増も稙家の弟であり、道澄やあとで触れる近衛前嗣《さきつぐ》（前久《さきひさ》）は稙家の子で、景虎と深い関係を持つ。従って門跡としての特別な活動とみるよりも、将軍外戚《がいせき》近衛家が足利義輝の側近公家衆として外交活動に参画していた例証とみたほうが自然だろう（村石　二〇二四）。

検証　天文二二・二四年の合戦

天文二二年の合戦

布施の戦い・八幡の戦い

改めて天文二二年（一五五三）の状況をみていこう。『甲陽日記』によれば四月二二日八幡《やわた》筋（千曲市）で武田軍八頭が敵方と対戦した。頭とは士《さむらい》大将にあたる。騎馬武者五隊で小組、これが五小組で一組の単位である。二組で「備《そなえ》」となり、これを士大将の指揮下に置いた。備の編成をおよそ五〇〇人程度とすると、八頭で四〇〇〇人程度ではなかろうか。敵は葛尾《かつらお》城を脱出した村上義清とその与党だろう。その数五〇〇〇ばかり。景虎がこれに加わっていたかは不明である。五〇〇〇人という数字は、越後からの援軍を含めたものとみられる。義清の軍は八幡から坂木に移り、葛尾城を攻めた。武田方が占領していた葛尾城で於曽《おそ》源八郎《げんぱちろう》が戦死した。

義清がいったん城は奪還したと思われる。武田軍は苅屋原《かりやはら》まで退かざるを得なかった。大須賀久兵衛尉も坂木から脱出した。脱出した久兵衛尉は、その後五年を経て、狐落《こらく》城および布施での戦いで頸を総計四つを取った戦功を賞されている（大須賀家文書『戦武』五五四・五）。

「武田晴信感状」

去癸丑四月、信州更科之郡孤落において、頸参、小島兵庫助、同小四郎、同与四郎討捕条、戦功感じ入り候、いよいよ忠節肝要たるべき者也、よって件の如し、

弘治三丁巳

三月廿八日　　晴信（花押）

大須賀久兵衛尉殿

「武田晴信感状」

去癸丑八月、越後衆出張の砌、信州布施において、頸壱、討捕条、比類なき戦功候、弥忠節神妙たるべき者也、よって件の如し、

弘治三丁巳

三月廿八日　　晴信（花押）

大須賀久兵衛尉殿

苅屋原城には、大日方《おびなた》讃岐《さぬき》入道《にゅうどう》が参上し、駒井の陣に泊まった。善光寺道ルート上の麻績《おみ》・青柳・大岡について相談したという。

五月になり晴信は深志《ふかし》へ帰還することになる。大岡にいた屋代政国から書状があり、麻績での敵方攻略を解決させたという。二日には北条氏康《ほうじょううじやす》家臣桑原盛正《くわばらもりまさ》に、当方への加勢は無用と伝えた（『甲陽日記』『新叢書』八、四五）。

この時晴信は海野下野守《うんのしもつけのかみ》（会田岩下《あいだいわした》氏）に対し苅屋原の所領を直轄地として預り、その代わり光郷（安曇野市）のうち城に隣接する二〇〇貫文の地を宛行う旨を伝えた。晴信は小笠原氏の拠点だった平瀬城を破壊したのを見届けてから深志へ帰城した。しかし苅屋原城に隣接する土地を交換するように晴信に命じられるかたちになった今福石見守は、迷惑と答え相論となった。晴信はさらに新村（松本市）三〇〇貫を海野氏に与える約束をし、実際に永代給付として文書を発給したのである。晴信は一一日に甲府へ帰陣した。この間に塩田城は義清により奪われていたため、六月一日に軍議を開き、二一日に兵を塩田に向けると決した。

実際に晴信の軍が動いたのは七月になってからだ。将軍義輝の一字を拝領し、嫡男太郎が義信《よしのぶ》を名乗ることになり、その使者が甲府へ来たため延期したのだった。晴信は二一日に若神子《わかかみこ》（山梨県北杜市）に着陣し、佐久郡内山城（佐久市）へ入城したのは二八日だった。望月、長窪をそれぞれ陣所としながら、長尾景虎方に内通した和田信定《わだのぶさだ》らが籠もった和田城（小県郡長和町）を攻撃し城兵をことごとく討ち取った。八月三日には鳥屋《とや》城（上田市丸子）の籠城衆を討ち取った。塩田（上田市）に入ったのは八日で、塩田城は自落し、武田の旗が建てられた。このとき戦功褒賞がおこなわれ、真田幸綱《さなだゆきつな》や室賀《むろが》・小泉氏など小県郡の国衆に知行地が与えられている（『甲陽日記』『新叢書』八、四六）。

いっぽう義清は塩田城から再度逃亡し、行方不明となった。武田方は勢いづき、一日に要害一六城が落城した（『勝山記』『新叢書』八、一二三）。敵の頸を分捕り高名を上げ、足弱《あしよわ》（足軽の意味もあるが、ここでは歩行能力が低い者、女性や老人を指す）を生け捕りにした。この年は五月から九月まで日照りが続き、水は干上がった。また前後数年は食糧不足による餓死者が続出している。晴信の隣国への出兵は春から夏にかけて多いが、異常気象による食料不足を、他国での乱取り（略奪）・人取りによって補う目的があったのだろう。

義清方についた武士の所領は没収され、戦功のあったものへ加恩として給与された。晴信は庄内（坂城町）のうち一〇〇〇貫を禰津元直《ねづもとなお》へ、福井（坂城町）四〇〇貫を寿量軒《じゅりょうけん》へ給付したあと、飯富虎昌《おぶとらまさ》を室賀城（上田市）へ移した。

村上義清が再度塩田を脱出したことから、景虎も兵を出した。九月一日、八幡の戦いで甲州勢は敗れ荒砥《あらと》城（千曲市）は自落した。さらに三日には越後軍は青柳城を放火した。翌日には虚空蔵山城（松本市中川）も落ちた。武田方は一三日夜陰に紛れて尾見（麻績）城・新戸（荒砥）城を炎上させた。武田方についた室賀はここで敵頸七つを討ち取った。

長尾景虎動く

これに対して越後勢は南下し、南条（坂城町）まで進出し放火した。晴信は途中まで出馬したが大規模な戦闘には至らず、途中で引き返した。

このように景虎が埴科郡と小県郡の境目である坂城南条まで出兵し帰還したことは、上杉氏の治罰の範囲、すなわち上杉氏の分国が更級・埴科地域を境界として意識していることを物語っている。なお、このときの甲越両軍の戦闘に、長尾景虎本人が出陣したかどうかは議論の分かれるところである。柴辻俊六氏は、景虎が上洛を前にみずから出陣することになるが、実際に景虎が出陣したこと示す一次史料が欠如していることから、これを否定している。確かに『甲陽日記』以外にこの戦いを具体的に記す記述はみられず、しかも高白斎は景虎出陣の記事を載せていない。しかし、後述する弘治二年（一五五六）に比定される「長尾宗心（景虎）書状」には「かの国（信濃）過半晴信入手せられ、既に一変の体に候間、両度出陣」したと記し、みずからの働きを「自讃の様候といへども、宗心助成せしめず候はば各名絶ゆ、疑ひなく候」と自賛している。これまでに二度信濃へ出兵したことがわかることから（『歴代古案』『上史』一三四）、景虎自身の出兵はあったとみておきたい。

天文二二年の川中島の戦いにおいて、北信濃国衆および京都対策の末に景虎は出兵した。景虎は「分国の拡大」を企図したのではなく、このときの出兵は前代以来の上杉氏による公権力の波及地域を内外に示す示威行動という意味を有するものではなかったか。この合戦の直後、景虎は笠原本誓寺超賢の路次案内により越前国三国より上洛を果たす（同『上史』一一二）。上洛した景虎は一一月八日、大徳寺の徹岫宗九《てつしゆうそうきゆう》から号「宗心《そうしん》」を授かる（上杉神社文書『上史』一〇八）。そして弘治二年までこの号を用い、花押も改変している。

一方晴信はなおも調略を進める。天文二二年八月九日、大日方美作入道《みまさかにゆうどう》・上総介直武《かずさのすけなおたけ》父子に対し、水内郡笹平の春日越前守《えちぜんのかみ》・備前守《びぜんのかみ》、同葛山の落合半六郎、埴科郡東条左衛門佐《ひがしじょうさえもんのすけ》を従属させること、村上方から小川へ攻略の際は軍勢を出すべきことを命じた。さらに、大日方へは奥郡が平定されれば替地を与える約束をしている。西山地域（中条・

七二会・小田切等現在の長野市西部及び小川村周辺地域）への防備は大日方父子と相談しておこなう、と伝達した（大日方家文書『戦武』三八一）。着々と実効支配を広げようとしている。

上野原とはどこか

景虎方の発給した数少ない感状のなかに、上野原の戦いの際のものがある。これまでこの戦いは弘治三年（一五五七）として位置づけられてきた。

今度信州上野原において一戦動き比類なき次第に候、向後いよいよ拵《かせぎ》の事肝心候、謹言、

八月廿九日　景虎

南雲治部左衛門とのへ

（上杉定勝古案集『上史』一五二）

上野（上野原）は、上杉・武田両軍が一戦をまみえた地として知られている。しかしその場所については諸説ある。川中島五戦説を考証した渡邊世祐氏は、「上水内郡若槻村」（長野市若槻）もしくは「下水内郡常盤村」（飯山市常盤）を有力地とした（渡邊　一九二九）。渡邊氏は著書の中で右の史料を引用する。しかし実際の『歴代古案』には年号がない。本来記されていない「弘治三年」の文字を付して引用しているのだ。渡邊氏のこの年代比定は『越佐史料』・『信濃史料』ともに引き継がれ、これ以外の二通もこの関連文書として

弘治三年のものに年代比定されてきた（村石　二〇二二）。従ってこの戦いの年代自体があやしいと疑ってみる必要がある。

渡邊説をもとに叙述された小林計一郎氏は、上野原の戦いを弘治三年としたうえで、諸説を挙げつつ、上野原が若槻地区上野とする可能性を指摘する（小林　一九六三）。

この見解はその後も引き継がれ、例えば平山優氏は上野原について、1長野市上野（旧若槻村上野）、2戸隠村上野、3飯山市常盤、4上田市大字上野、各説を紹介しながら、3・4は弘治三年の戦局から採用しがたく、現在では1の説を支持する論者が多い、と総括する（平山　二〇〇二）。最新学説を整理した柴辻俊六氏も、弘治三年説を採り、長野市妻科《つましな》説を有力地として紹介する（柴辻　二〇一九）。前嶋敏《まえしまさとし》氏は、同じ上野原合戦時の下平弥七郎あて「長尾政景《まさかげ》感状写」の発給日である九月二〇日が善光寺南端の坂木（坂城町）を撤退した日であることから、上野原の戦いは天文二二年（一五五三）の出来事ではないかと推測する。更級郡布施・八幡など千曲川左岸で甲越軍の衝突があり、仮に上野原の戦いがこれらの戦いの一連のものであるとすれば、その場所は千曲川を挟んで布施の対岸にある「埴科郡岩野」（長野市松代）である可能性を指摘したのである（前嶋　二〇一七）。岩野は千曲川渡河点と小県へ抜けるルートの交わる拠点で、村上家臣だった清野氏の膝下であり、天文二二年にこの場所で合戦となるのは周辺の様子から十分想定できる。仮に弘治三年とすると比定地は若槻または妻科が相応しいが、八月下旬に周辺での戦闘を示す積極的な文書がない。従って筆者は、現段階では天文二二年岩野の戦いがあったものと理解したい。

尼巌城の攻略

上野原の戦いが天文二二年八月、埴科郡岩野（上野）周辺でおこなわれたとすると、問題となってくるのは次の米山一政《よねやまかずまさ》氏の説である（米山一九九七）。米山氏が挙げた次の文書をみてみよう。小県郡から地蔵峠へ抜けて埴科郡に入る口の要衝尼巌《あまかざり》城に関わる真田幸綱《さなだゆきつな》等宛の晴信の書状である（『戦武』五〇七）。

東条あまかざり城、その後如何候哉、片時も早く落居候様、相勤めらるべく候、爰元の事は両日人馬を休め候間、一左右次第相動くべく候、いよいよ方々儀遠慮なく御計策肝要候、恐々謹言、

八月八日　　晴信（花押）

真田弾正忠殿（幸綱）

□殿（小山田備中守）

弘治二年の年紀を持つ知行宛行状が五月に香坂筑前守《ちくぜんのかみ》（埴科郡）、六月に井上左衛門《さえもんの》

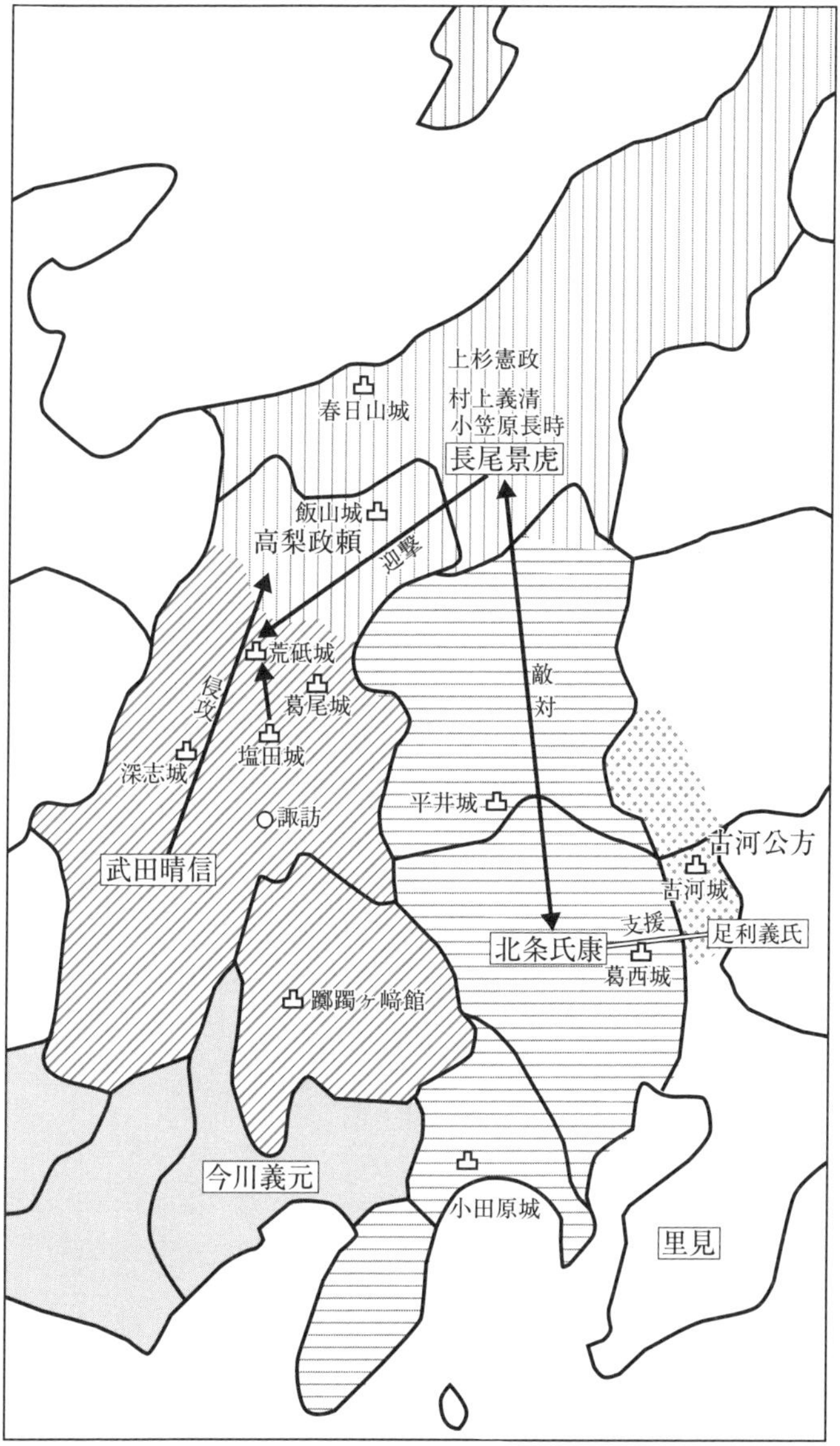

図14　天文22年勢力図

図15　紀州本川中島合戦図屏風にみえる村上義清（画面中央，和歌山県立博物館所蔵）

尉《じょう》（高井郡）、七月に市川孫三郎（高井郡）、一二月に仙仁《せに》大和守《やまとのかみ》（高井郡）・西条治部《じぶ》少輔《しょうゆう》（更級郡）に発給された。この文書はその一連の動きのなかに位置づけられてきたため、弘治二年のものと推定されている。

米山氏は、戦前に長野師範学校で教鞭を執った栗岩英治の指導を受け、戦後編年史料集『信濃史料』編纂の中心人物として史料採訪に従事していた。その後、『更級埴科地方誌』を編纂した。この地域に関わる史料に通暁している。その結果、米山氏は、晴信の塩田城攻略に際し、村上氏と関係が深かった高梨政頼あるいは村上氏救援の越後勢が小県方面に侵入することに備えたため、晴信が尼巌城攻略を急いだとみる。米山氏はこの文書を天文二二年と位置づけた。実際に天文二二年八月九日に、晴信が大日方父子に対し村上からの攻撃に対する備えを指示したことは先にみたとおりである。

その後の村上義清

村上義清は葛尾城の奪還に失敗、信濃から越後に入り、以後景虎のもとで川中島進出の先兵として動く。『北越軍記』では弘治三年の川中島の戦いで武田信繁《のぶしげ》を討ち取ったのが村上義清とされている（この合戦は『甲陽軍鑑』等武田流軍学書では永禄四年として知られている）が、一次史料での裏付けはない虚像である。

その後義清は飛騨国衆との交渉に当たる取次役として永禄一〇年に再度現れる。義清は信・越国境の頸城郡根知城（新潟県糸魚川市）の城将となっていた。境目の武士は、隣接する他国の領主との交渉や、大名同士の書状を一端受け取る取次役を担っている。義清がこうした役割を担ったのは、信濃の領主層を取次として活用する景虎の戦略性もあるだろう。なお永禄一二年には義清が出家し、無道《むどう》を名乗ったと推定される（村石　二〇二三）。義清は生前に信濃へ帰還することはかなわなかった。

天文二四年の合戦

武田晴信の更級郡進出

天文二三年（一五五四）七月、今川義元《いまがわよしもと》の嫡男氏真《うじざね》の下に北条氏康《ほうじょううじやす》の娘早川殿《はやかわどの》が嫁ぐ。また北条氏政《うじまさ》の下へは正室として晴信の娘黄梅院《おうばいいん》《こうばいいん》が嫁ぐ予定であった。甲相駿三国同盟が成立したのである。

晴信はこの年の九月二六日、水内郡大日方主税助（直長《なおなが》）に対して、伊那・佐久郡を平定したので今度は奥郡へ出馬したいが、黄梅院の婚礼のことがあるのでいったん甲斐に帰国する、来春には川中島へ出馬する、惣領の大日方直武《なおたけ》と相談のうえ準備をして欲しいと伝えた（大日方家文書『戦武』四一三・四一四）。この直前に晴信の重臣長坂虎房《ながさかとらふさ》がすでに安曇郡に派遣されていた。大日方氏は諸事において虎房と相談するよう命じられた。大日方直長は小笠原旧臣の取り立てにも関わり、長時の重臣二木《ふたつぎ》重高《しげたか》が赦免され、本領の安曇郡に戻った。

天文二四年三月七日、晴信は甲府を出発した（『甲陽軍鑑』）。同一二日、筑摩郡慶弘寺《けいこうじ》へ禁制《きんぜい》を出した（慶弘寺旧蔵文書『信史』一二、六八）。その後、藪原《やぶはら》に四月三日まで逗留した。木曽《きそ》義康《よしやす》・義昌《よしまさ》父子を攻撃するために砦を構築したが、景虎の出兵の報を受け、兵を川中島へ向けたという。木曽を発った晴信は四月五日、木曽攻撃への加勢を依頼した倉沢中務少輔に対し、近日中に足軽を松本まで移動させ、翌日横田《よこた》康景《やすかげ》を差し越すと伝えた（倉沢家文書『戦武』五五六）。この史料について『信濃史料』は年未詳、『戦国遺文』は弘治三年（一五五七）と比定する。しかし、弘治三年四月の段階で晴信はまだ甲府におり、天文二四年とすべきだろう。

『勝山記』では景虎の出兵は七月二三日とあるが、七月一九日には犀川で合戦があるから後述するように四月の誤記である。景虎は「村上殿・タカナシ殿、越後の守護長尾の景虎を頼み奉」り、越後府中を出発した。晴信は四月二五日、諏訪郡北大塩の国衆内田《うちだ》監物《けんもつ》に対して、佐野山城（千曲市）に在城することを命じているから（『別本歴代古案』『戦武』四三二）、四月下旬には木曽から諏訪へ着陣している。この文書は写であるが天文二四年の年紀が入る文書であり、晴信がこの時点で諏訪にいることがわかる基準となるものである。更級郡佐野山は八幡（千曲市）から小川を抜け安曇郡千見に抜ける関門である。また府中から北国街道を経由し善光寺平に至るルートと千曲川左岸の小県郡から稲荷山に抜け北国街道に合流する交通の要衝に位置する。

さらに六月には晴信は庄内《しょうない》主計《かずえ》分の三〇貫余りを大日方直長に「出し置」いている（与える約束）。庄内主計は未詳だが、地名を冠しているとすると、筑摩郡庄内、もしくは更級郡庄内の武士だろう。この段階で庄内を大日方氏に宛行うのはいささか唐突のようにみえるが、すでに晴信は一族の大日方山城守に信府庄内、塔原《とうのはら》手《て》作《づくり》前を出し置いている（『山梨』一七三二）。天文二二年八月九日に大日方美作入道（直武の父）・同上総介（直武）は晴信から、村上の攻撃に備え、鳥屋（長野市七二会）の春日《かすが》越前守など諸将を調略した暁には奥郡に替地を与えるという約束を得ていた。奥郡であれば山田城付近の更級郡新山庄内（千曲市）にあたると考えたい。

晴信　佐野山城へ向かう

以上を踏まえると、次の年未詳とされていた文書の年次比定が可能となる。すでに史料集では戦前の実業家前山《まえやま》久吉《ひさきち》氏所蔵として知られていたが、戦後行方が不明であった。近年原本が市場に出たもので、長野県立

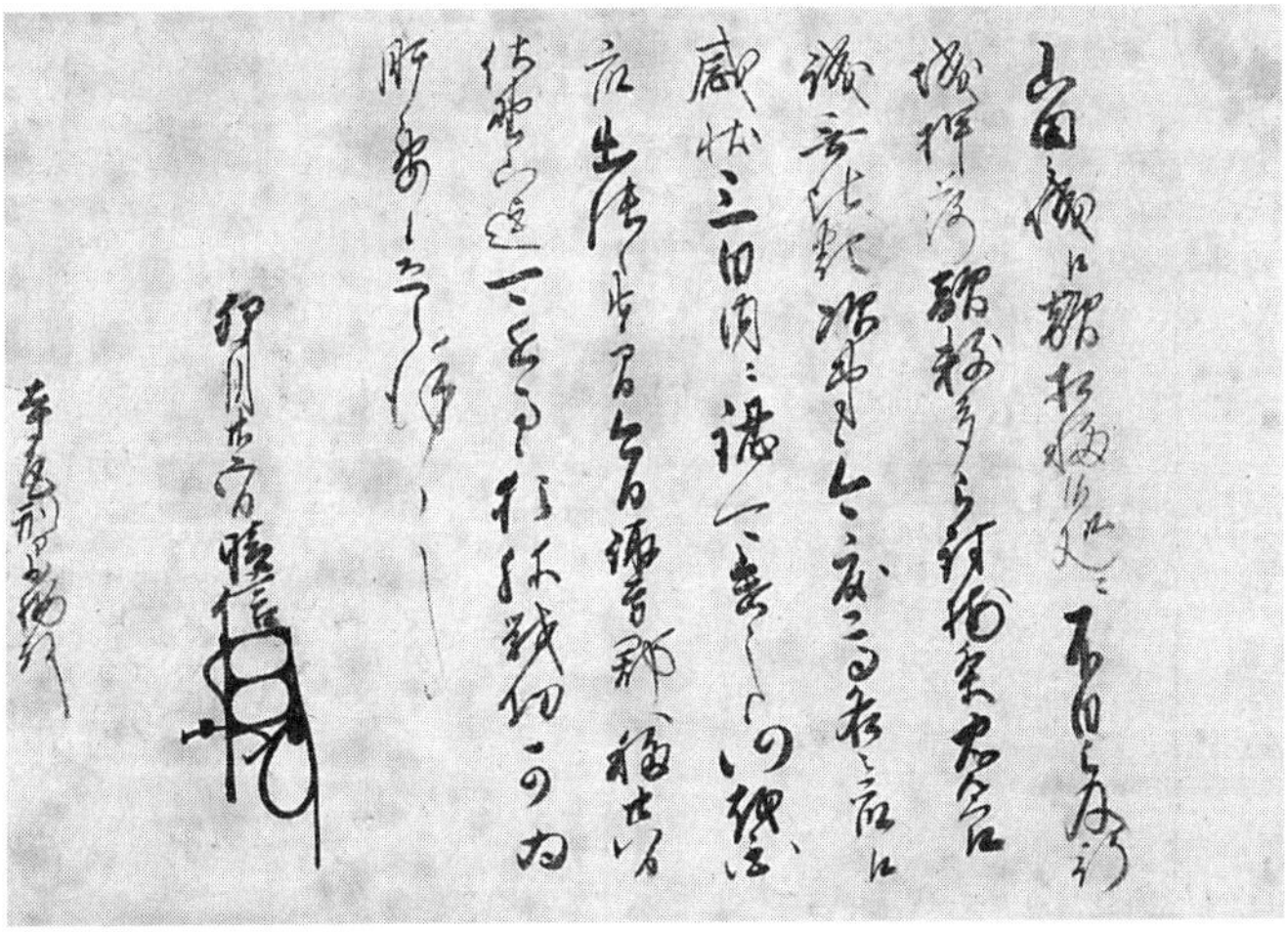

図16　佐野山へ着陣（武田晴信書状，長野県立歴史館所蔵）

歴史館がクラウドファンディングを通じて購入することができた。

　山田之城へ敵相移り候処に、不日行《てだて》に及ばれ、城押し落とし、敵数多討捕えらるの条、忠節誠に比類なき次第候、今度高名の衆へ感状、三日内に認《したた》め、これを遣すべく候、よって越国衆出張候由候間、今日諏方郡へ移り、廿八日佐野山迄馬を進むべく候、猶いよいよ戦功肝要たるべく候、恐々謹言、

　　卯月廿五日　　晴信（花押）

　　　寺《てら》尾《お》刑部《ぎょうぶ》少輔《しょうゆう》殿

　内容は、山田城へ敵が移った際に、ただちに攻撃をおこない、城を落城させ多くの敵を討ち取った忠節は本当に比類ないもの

である。今回、高名を挙げた者たちへの感状は三日以内に自分が作成し、当人に渡すつもりだ、越後国の長尾景虎勢が出陣したということなので、こちらは今日諏訪郡に移動し、四月二八日には佐野山まで進軍するつもりだ。より一層戦功に励む事が重要だ、と述べている。

この四月二五日付の書状で晴信は本日中に諏訪へ移る、と記している。諏訪で仕置をおこない、その後二八日に白らが佐野山まで移る、というのである。したがって前述した内田監物ら諏訪の国衆は、晴信の本隊に属して進軍することを命じられたのだろう。この文書でいう「山田之城」は更級郡山田（荒砥城　千曲市上山田）とみるべきだろう。六月に大日方主税助（直長）が山田城の膝下である庄内を宛行われたのは、このときの勲功だった可能性が高い。

この文書は、弘治三年の可能性もある。その場合は、景虎が攻略した「山田之城」は駒《こま》場《ば》城（山田要害　色部文書『上史』一四五）の可能性が高い。ただし、諏訪の内田監物宛の年紀のある文書をみると、

天文二四年四月諏訪から佐野山へ移動→天文二四年七月川中島での勲功で感状受領という行程をクリアに後追いできることから、この文書は天文二四年に比定することが妥

図17　荒砥城からみる葛尾城と千曲川

当と思われる。

宛先の寺尾氏は、信濃国埴科郡寺尾郷（長野市西寺尾）を本拠とする一族である。寺尾については本文書と共に、京都大学総合博物館所蔵の「二月廿二日武田晴信感状」も関連史料として知られている。こちらも永禄以前に晴信が寺尾氏に宛てたものであり、数度にわたって敵地に軍勢を派遣し戦功を挙げたことが賞されている。二通の文書は、晴信の下で信濃攻略の最前線に位置する寺尾氏の姿を明らかにしているといえるだろう。

余談であるが、近年、各地で地域の歴史を物語る史料がどんどんと散逸している。古書市場だけでなく、ネットオークションを通じて古文書がいともかんたんに売買されているのである。公的機関はこのような史料を収集に勉めているが、焼け石に水である。クラウドファンディングという形でこの史料の散逸は防ぐことができたが、古文書が地域と切り離されバラバラとなって湮滅《いんめつ》していくのは、とても残念である。

さて本題に戻ろう。四月二五日以後に晴信が諏訪に着陣していたとすれば、これまで弘治三年と比定されてきた次の晴信の守矢頼真《もりやよりざね》宛祈禱依頼状も天文二四年の文書とすべきだろう（守矢家文書『戦武』五五八）。

越国衆出張につき父子出馬候、然らば当家の有無この時候条、五官を始めとして其外已下の巫《ふ》祝《しゅく》等一心に精誠、十日を径ずして勝利を得候様、朝暮勤行憑み入り候、恐々謹言、

卯月廿八日　晴信（花押）

神長殿

景虎の出兵を受けて武田晴信・義信父子が出馬した。まさに「当家之有無」（家の存亡）にあたり、諏訪上社五官祝以下の神官に対して、一〇日以内に勝利できるよう祈願を依頼している。二五日はまさに佐野山へ移るとした日である。まさに神前での戦勝祈願をおこなう時にあった。晴信はかくして再度奥郡へ出兵したのである。

『勝山記』によれば、景虎は善光寺に、晴信は「大ツカ」(大塚)にそれぞれ陣を張ったとする(『新叢書』八、二五)。この間の動向はこれまでよくわかっていなかったが、奥郡へ進出した晴信の動きとして新たな視点を提示する重要な文書が令和三年(二〇二一)に発見された(村石　二〇二二)。

綱島再興へ

今度綱島再興につき、相渡候知行の内、日記を以て預借《あずかり》候、祝着候、然らば其外

仁百貫　清野郷
百五十貫　上野郷
百五十貫　八町郷
七百貫　蔵科庄之内
七十貫　藤巻郷
七百貫　雨宮郷
七百貫　生仁郷
七百貫　大下条郷
八百貫　蔵科庄之内
百五十貫　上野郷

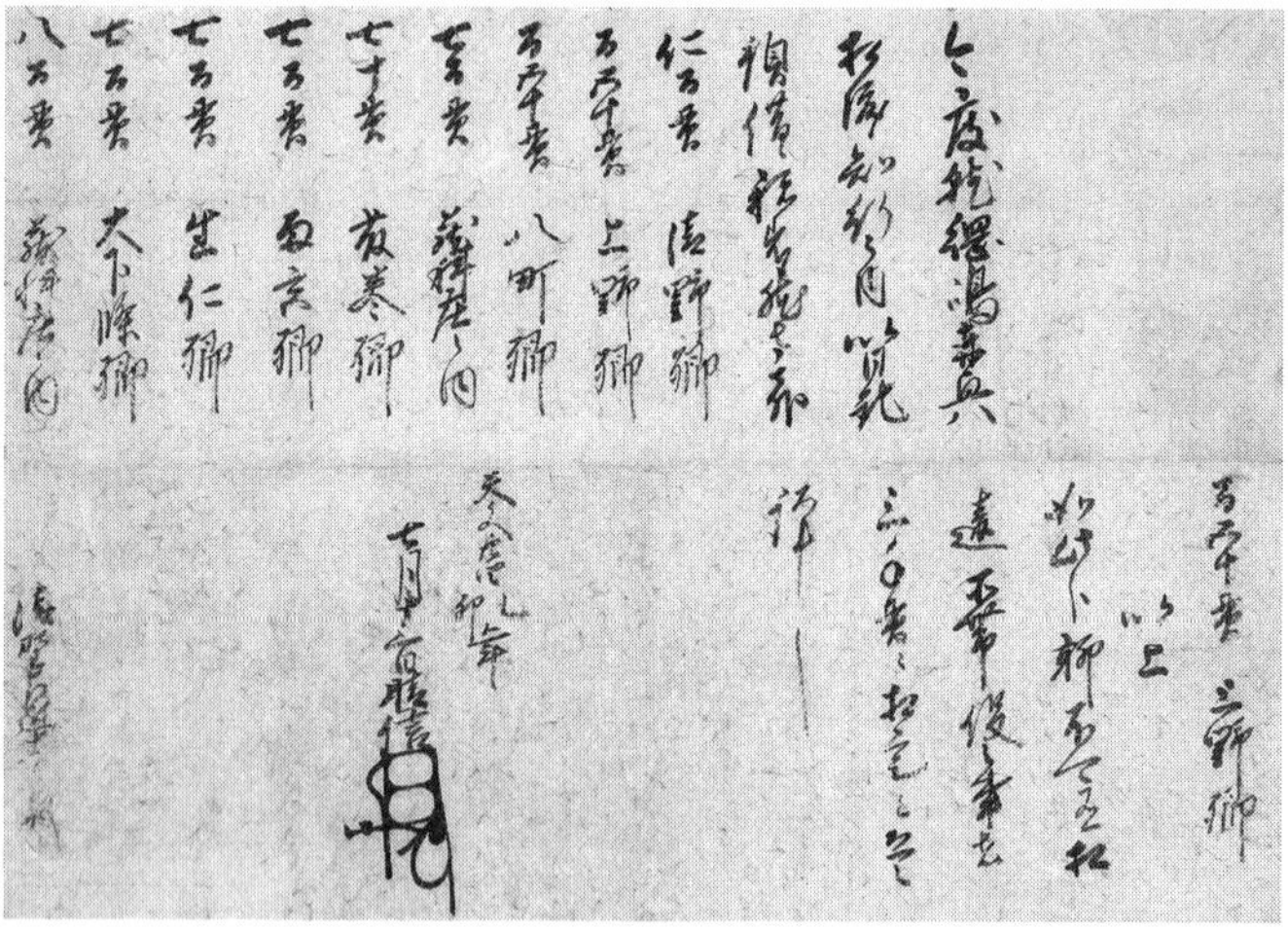

図18　綱島再興（武田晴信書状，長野県立歴史館所蔵）

以上かくの如き分、いささかも相違あるべからず、所帯役の事は、三千貫に相定め候、恐々謹言、

天文廿四乙卯年

七月十三日

晴信（花押）

清野左近□□（太夫）殿

本文書によれば、晴信は清野左近太夫《きよのさこんのたいふ》（天文二二年六月に信の字を拝領した信秀《のぶひで》か）の知行地から日記を提出させて費用を借用し、綱島の再興をおこなった、という。

綱島は晴信が陣を構築した「大ツカ」（大塚）の隣接地で、現在の長野市青木島町にあたる。千曲川と犀川との間の沖積地帯で、犀川へ渡る交通の要地である。なおのちに景虎はこの時の戦いを「つかはらのちん（塚原の陣）」と呼んでいる（上杉神社文書・堀田次郎氏所蔵文書『上史』四一四・五）。

大塚館は地元では「大堀之館」といい、現在は長野市更北中学校のグラウンドの一部と化している。しかし近代まで外郭に堀をめぐらし、幅およそ約一二メートル、深さおよそ約二七センチメートルあったという。堀の内側の四周にその幅約一二メートルの土塁を施していた。中世の居館の面影をよく残していたという（『長野県町村誌』）。居館主は町田氏と伝えるが、隣村の綱島氏の館ともされ、「晴信が善光寺南方の「大ツカ」に張った陣は、この大堀館であり綱島氏の館を利用し、この時更に土塁を堅固にしたと考えられる」とする（『日本歴史地名大系』）。

すでに利用されていなかった館を再利用することは軍事戦略上当然あり得る。奇しくも同じ川中島で遡ること一五〇年前、守護小笠原長秀《ながひで》が追放された大塔合戦でも、分断された小笠原勢が大塔古要害（長野市二ツ柳）の築地塀や空堀を修理して籠城したことはよく知られている（『大塔物語』『信史』七、三八〇）。また、天文二四年の戦いで武田方の拠点となった旭山城は、和議により破却されているが、弘治三年には景虎が「再興」し「居陣」した（芳賀文書『上史』一四八）。このようにすでに廃城となった城を改めて再利用することを「再興」といったのである。本文書にいう「綱島再興」とは、「綱島氏」の旧館を晴信が再構築し、居陣したことを指すと推定する所以である。

清野氏の「日記」

「日記」とは、現在では日々の備忘「diary《ダイアリー》」の意味であるが、日記には荘園の現地管理における土地台帳や帳簿類を示す場合がある。ここでは、清野氏が提出したのは、所領などを書き上げた目録の類で、晴信に上申してその記載された知行地を料所として綱島再興費用を捻出したのだろう。この功により清野氏は本領清野郷以下を安堵された。郷名は慶長九年「信州四郡草山年貢帳」によれば南は倉科・雨宮《あめのみや》・生仁《なまに》（埴科郡　いずれも千曲市）、清野（埴科郡　長野市松代）・藤巻（更級郡　長野市田牧周辺）北は八町（高井郡　須坂市）にまで至る。雨宮や大下条郷（埴科郡　千曲市）は、荒砥を得た屋代氏の替地として晴信が接収していたものである（屋代家文書『戦武』三八〇）。

これらの土地は一五世紀末の村上氏直轄地および村上氏と主従関係を持つ家中の所領と一致する。村上義清の没落以降、清野清秀《きよひで》は武田晴信に従属し信秀を名乗っていた（『甲陽日記』）。蔵科庄・上野郷は二度書き上げられているように、戦場での慌ただしい中で本文書が発給されたとみられる。ちなみに『甲陽軍鑑』では、天文二二年清野氏の屋敷を接収して山本勘助が海津城を構築したと記述されている。山本勘助の築城かどうかは後追いできないが、清野氏の所領が晴信に預けられたこと自体はこの文書からは明らかであるから、海津築城との関係でも注目される。

二〇〇日の対陣

景虎は善光寺脇の城山（横山城）に布陣した。晴信はここから約六キロメートル南の大塚に陣を取った。このときの対陣の様子は『勝山記』に詳しい。

これによれば、善光寺の堂主栗田鶴寿《くりたかくじゅ》は裾花川を渡り西の旭山に移動して景虎と対峙した。晴信は軍勢を三〇〇〇人送ってこれを支援した。弓の裏反りが強い大弓八百張、鉄炮三百挺を投入した。天文一二年（一五四三）に南蛮貿易の過程で日本に鉄炮が伝来していたとすると、その一二年後には東国で鉄炮が組織的に使用されていたことがわかる。

晴信の感状によれば、天文二四年七月一九日には犀川付近で甲越両軍が戦った。ほぼ同文で一三通の感状が残されている（↓22・23頁表2）。諏訪から佐野山へ移動していた内田監物も、このとき相手の頸一つを討ち捕った。同様に頸を捕った小平木工允《もくのじょう》（諏訪郡）も諏訪を出自としている。蘆川《あしがわ》氏は甲斐国芦川の出自と考えられる。ほかにも甲斐から従軍しているものが多い。

一三通の感状の内訳をみてみよう。江戸時代の写本ではないと認められる正文《しょうもん》のほとんどが晴信の署名・朱印、朱印は晴信の実名印（「晴信」）である。この印が花押の代わりに用いられた。朱印のある感状の宛名の多くは「との」と仮名書きであり、しかも全紙を横半に切った切紙という形式の料紙を使った薄礼《はくれい》のものである。とくに甲斐国蘆川氏は官《かん》途《と》など仮名《けみよう》の名乗りも記さないから、軽輩の武士であったことがうかがえる。いっぽう佐久郡の根々井《ねのい》氏には花押・「殿」書きで書止が「恐々謹言」、比較的厚礼の形式で出された。

蘆川氏は武田氏滅亡後は中条銚子（小布施町）の所領を上杉景勝《かげかつ》の家臣福島城将須田信《すだのぶ》正《まさ》により安堵されており、信濃に土着した（『須坂市誌』）。富士浅間《ふじせんげん》神社の氏子で甲斐国衆小林氏が川中島の戦い後に埴科郡に移住したと伝える伝承もある。

一宮出羽守《でわのかみ》らと従軍した井出甚右衛門尉は、途中病を得、帰国したが死去してしまった（武州古文書『信史』一二、八八）。八月七日には義元から駿河国富士郡下方郷から援兵として派遣された一宮出羽守らは坂木（坂城町）に到着した（磯部文書『信史』一二、八七）。井出氏は富士郡に所領をもち、今川氏の代官を勤め、富士浅間神社について奉行職も任された一族であった。

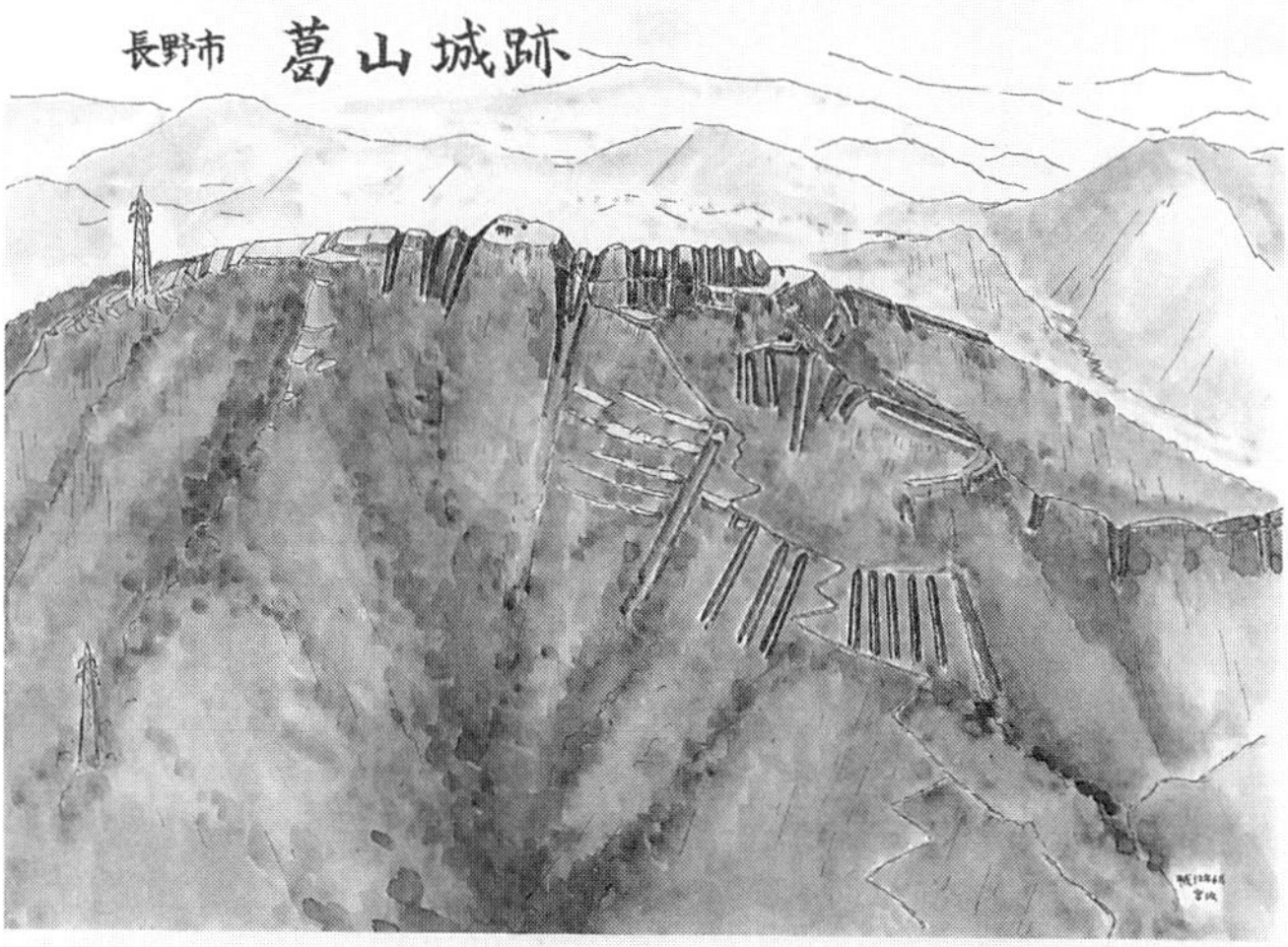

図19　葛山城（画：宮坂武男，長野県立歴史館所蔵）

横山城の景虎は武田氏により旭山城と綱島を押さえられ、本体が包囲される形になった。喉元を押さえられた景虎は、旭山の真北で裾花川対岸の葛山《かつらやま》（長野市茂菅）に付城《つけじろ》を築いた。この葛山城には島津氏とその配下の落合・小田切など西山地区の地侍を配置した。両城間は直線わずか二キロメートル、旭山城をまさに「擒《とりこ》（生け捕り）」にした（『歴代古案』『上史』一三四）。

戦闘は膠着状態となった。七月の犀川の戦いで首級を挙げた大須賀《おおすが》久兵衛《きゅうべえ》は一〇月二一日、城中で敵に与する者が小屋に放火しようとしたところを取り押さえ、晴信から褒賞された（大須賀家文書『戦武』四五六）。

『勝山記』によれば、攻めあぐねた景虎に対して、今川義元が仲介して和議が成立し、閏一〇月一五日に双方が兵を引いたとする。対陣は二〇〇日に及んだという。逆算すると四月二三日がちょうど第一日目になる。晴信出馬を七月二三日とする『勝山記』の記述は四月の誤記とするのはそのためである。景虎もこのときのことを「駿府御意を以て、無事に属し候き」と家臣色部勝長に報じている（古案記録草案『上史』一四一）。

景虎の立場

この出兵について景虎は、翌弘治二年六月二八日、長慶寺（天室光育《てんしつこういく》）に長文の書状をしたため、出兵と長期在陣について自己正当化している。家臣団が一枚岩でない景虎の、穏やかならざる心中を吐露しているものなので、一部を箇条書きで抜粋する（『歴代古案』『上史』一三四。傍線部筆者）。

(1) 信州の儀、隣州勿論候といえども、
(2) 村上方、井上・須田・島津・栗田を始めとして、其外連々申し談じ候、
(3) 殊に高梨事は、取分好ある儀の条、かたがた以て見除させしむべきにあらず、
(4) 彼国過半晴信入手せられ、既に一変あるべき体に候間、
(5) 両度出陣
(6) 去年の事は、旭の要害に向かい、新地を取り立て、敵城擒に致すの上、晴信に対

し興亡の一戦を遂げるべきの外、よんどころなく候処に

(7)甲陣浮沈におよび、駿府に属し無事の儀様々悃望《こんぼう》、誓詞《せいし》並条目《じょうもく》以下相調《ととの》われるの上、色々義元御異見の間、

(8)万障を抛《なげう》ち、旭の地悉く破却せしめ、和与《わよ》の儀を以て納馬《のうば》候、

(9)これにより彼国味方中、今に安泰に渡され候、

(10)自讃の様候と雖も宗心（景虎）助成せしめ候ざればおのおの名絶ゆる疑いなく候

（後略）

この書状では、景虎が同時代ではなく過去を回想し、自らの功績を述べている。特に天文二四年の戦いについて経緯がよくわかる。

(1)信濃が隣州（隣国）であることは言うまでもない、(2)村上義清ほか信濃の国衆が景虎に相談している、(3)とくに高梨氏はとりわけ誼《よしみ》があるので見逃すわけにはいかないこと、(4)信濃大半は武田によって取られてしまったので国の体が一変してしまったこと、(5)だからこれまでに二度信濃へ出兵したのだ、(6)特に天文二四年は、旭山城に向かって新しい城を建設し、敵城を奪い取った上で、晴信に対し存亡をかけた戦いをおこなわなくてはならないということの外理由はない、(7)にもかかわらず武田が劣勢となり、今川方について何

事もなきことを強く要望した、和議の誓詞と箇条書きにした条目を調製し、義元の助言にもとづき、(8)万障をなげうって旭山城を破壊し、「和与」の儀で撤兵することとした、(9)これにより信濃の味方たちは今安泰に日々を送ることができる、(10)自賛だが景虎の助力が無ければ、信濃の者の名が絶えることは疑いない、と記す。

景虎が北信濃へ出張する根拠は、村上氏や高梨氏といった国衆との人的関係を要因とすると述べる。この人的関係は、単なる個人的なつながりとみるべきではなく、一四世紀以来、北信濃が越後守護公権の及ぶ地域と自他とも認識されていたことより生じたものだろう。

和与の儀

和与は、当事者間の紛争解決の方法の一つで、もともとは親族以外への贈与を意味する中世の法律用語である。当事者間で確認しあい和解するものであり、当事者同士は各々和与状を作成して交換することが原則であった。和与は双方の譲歩によって成り立つことから、中世では和解の意味に転用されて使用されることが多くなった。この際に、誓詞・条目が調えられた。誓詞は起請文《きしょうもん》ともいい双方で神に誓約した。和与の条件は旭山城の破却と両軍の撤兵、そして信濃を追われた諸士の還住であった。今川義元はこの「和与之儀」を仲介する「口入《くにゅう》」の役割を果たした。ただし義元が決して中立でなかったことは、先にみたとおりである。義元の嫡男氏真が武田氏重臣穴山信君《あなやまのぶただ》に対して送った八月二九日付書状には「高白斎注進の分は、『越後衆出張らしむるといへども、指《さ》したる儀なく、退散』の由、先ず以って御心安候」とあり、援軍を送った今川氏に対して越後軍が退散した、と報じている（諸州古文書『戦武』四〇一七）。

晴信の立場

晴信は九月一〇日に「当陣祈念のため、御玉会《たまえ》・守符《しゆふ》越し給はり候、謹みて頂戴、そもそも越後衆出張、しかりといえども敵の行《てだて》、珍事《めずらしきこと》なく候」と諏訪上社神官の守矢頼真《もりやよりざね》から陣中祈願のための玉会（祈禱をおこなった際の護符）・守符を受け取ったことを謝し、「神前において怨敵退散精誠憑《おんてきたいさんせいせいたの》み入り候」と越後衆の退散のための祈禱を頼真に依頼した（回木氏所蔵文書『戦武』四五一二）。このなかで景虎同様晴信もまたこの戦いは「当家是非候」と、存亡をかけた戦いとの認識を示した。守矢氏に対しては武田家のため「禁足《きんそく》をもって参籠あり、武運長久の祈り尤も候」と外出を禁じて神前において武運長久を祈ることを依頼した。上社大祝諏方頼忠《すわよりただ》に対しても漆田《うるしだ》郷（長野市）の諏訪神領を安堵している（諏訪家文書『戦武』四五三）。

七月の戦闘後に感状を与えられたうちの一人、高井郡小島修理亮《しゆりのすけ》と同心七人に対して、晴信は高梨のうち河南一五〇〇貫文を宛行うことを約束している。この当時の高梨領は、

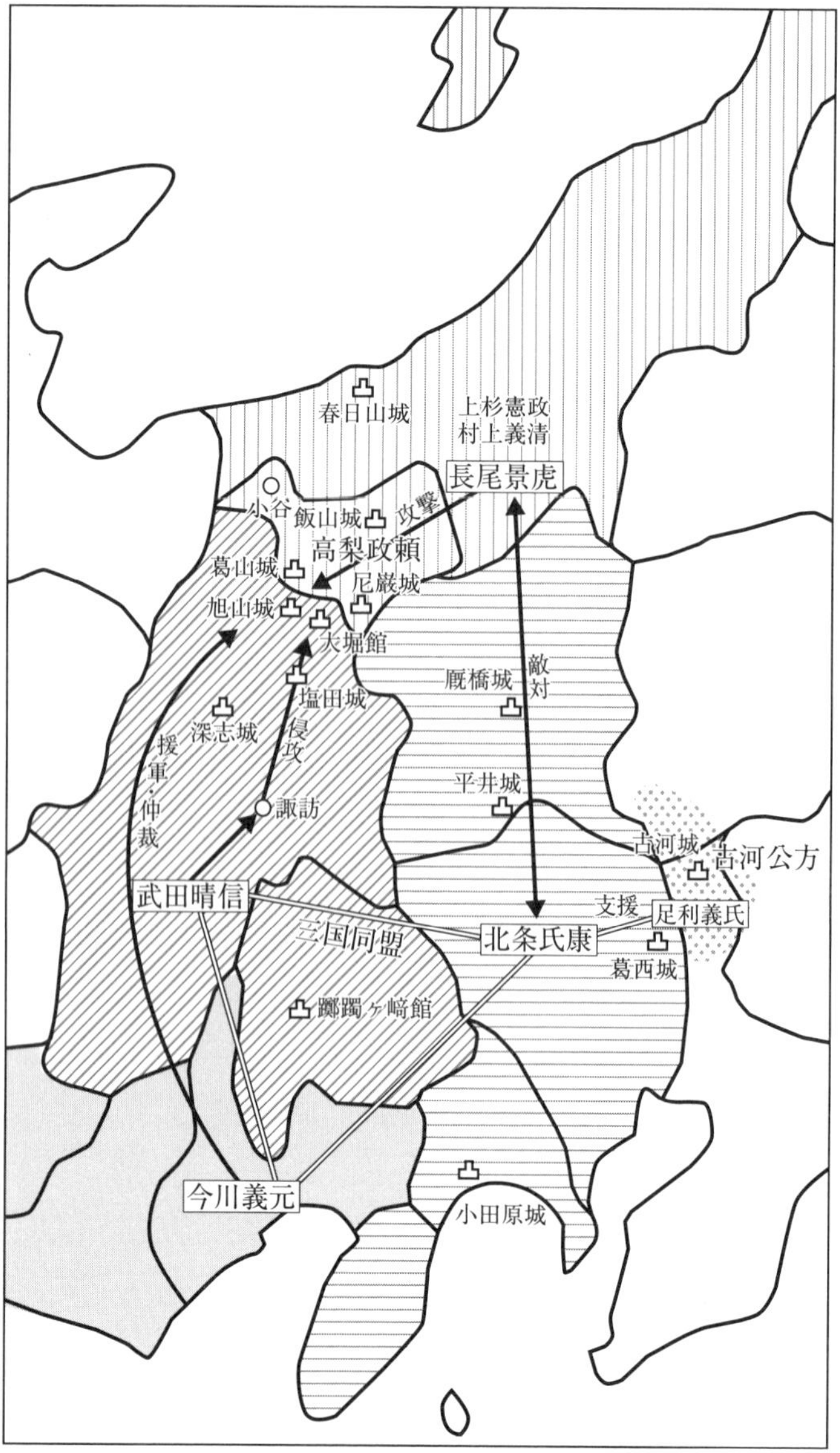

図20　天文24年勢力図

高井郡椚原《くぬぎはら》（須坂市〜小布施町）から、中野まで勢力を伸ばしていた。高梨領の南限は須田氏との領有で相論となる松川もしくは市川の扇状地帯である。小島同心七人は現在の中野市・小布施町・高山村・須坂市に恩賞地を得た可能性が強くなるが、この段階ではまだ高梨氏の支配は続いているので、未来約束の恩賞手形の意味合いが強い。また知行高一五〇〇貫文は過大であるから、これが実際に給与されたものとは思えない。いっぽうこのとき景虎が発給した真正の感状および宛行状は一通もない。感状の発給度合いからみて、七月段階では戦闘面では確実に武田方の優勢であった。

天文二四年合戦の意義

しかし戦局は、景虎が葛山城を構築したことにより五分になったといえる。その結果、長期の在陣となり、双方にとって重い負担となった。景虎は、戦闘の末期の一〇月に信濃に出兵している諸将に対して誓詞の提出を求めた。その誓詞の雛形《ひながた》によれば、在陣が何年になっても景虎のために奔走すること、陣中での喧嘩は成敗すること、いったん馬を納めても再度出馬する際にはすみやかに一騎でも奔走すること、などと記して提出させた（謙信公御書集『上史』一二九）。このような誓詞を家中に提出させなくてはならないほど、長期在陣が越後の国衆の負担となり、統制を乱れさせたといえる。春日山城に入り家督を継ぎ、同族長尾政景《まさかげ》との対立や地域ごとに存在する自立性の高い国衆との間の軋轢に悩まされ続けた景虎の家中は、決して一枚岩ではなかったのである。

晴信もまた、長期の対陣でまさに人馬ともに疲弊していた（『勝山記』『新叢書』八、二五）。先にみたように甲斐国から遠路諸士が大勢参加していたから、これは切実な問題であった。義元に和議の仲介を依頼するに至った最大の要因であろう。和与の内容については具体的に残されていないが、すでに引用した景虎の書状から察するに、「旭の地悉く破却」、双方とも納馬（撤兵）すること、信濃国衆が旧領に戻ることなどが誓詞・条目で示されたとみられる。埴科郡西条氏もこのときに「還附《かんぷ》」したとあるから（西条家文書『戦武』五〇八）、武田家に属した国衆も同様であった。これらは裁定した義元の「異見」が加えられている。

この戦いは両大名が直接的に会戦することはなかったものの、「甲駿相三国同盟」対長尾景虎という構図が確立したという意味で重要な意味を持つものであった。後述するが、この時の景虎の出兵に対し、気脈を通じた朝倉義景家臣朝倉宗滴は加賀一向一揆への攻撃をおこなうと共に、信濃へ陣僧を派遣し景虎を支援している。この点については一向宗対策という観点で次章で触れることとする。

検証　弘治三年・永禄四年の合戦

弘治三年の合戦

今川義元の仲介があり、その援軍もありながら結果的に旭山城を破却して撤兵するという条件で和与せざるを得なかったことは晴信にとって想定外のことであったに違いない。

武田晴信の弘治二年の宛行状

鎌倉時代から、ながらく信濃において武士の政庁〈後庁《ごちょう》〈御庁〉、平柴《ひらしば》守護所など〉が置かれた善光寺周辺を押さえることは、晴信の軍事戦略上極めて重要であった。それ故に前年、景虎により旭山城に対置し構築された葛《かつら》山《やま》城は目障りな存在であった。

水内郡茂菅の静《じょう》松《しょう》寺は落合氏の菩提寺で、戸隠へ通じる交通上の拠点にある重要な寺である。落合氏は葛《かつら》山《やま》衆とよばれた葛山城に詰めた地侍の集団である。弘治二年（一五五六）二月、晴信は静松寺に対し、落合遠江守・三郎左衛門尉に対して、武田に味方すれば、たとえ惣領である二郎左衛門尉が武田方についても、二人を厚遇すると約束し、落合一族を分断させた。（上杉家文書『戦武』四九五）。こうして落合一族は引き抜かれ、その結果葛山城は落城した。そのため城主である島津忠直《ただなお》（昔忠《せきただ》）は大蔵城（長野市豊野町）へ退避を余儀なくされた（色部文書『上史』一四一）。

このように晴信は一族を内部分裂させることで北信濃の国衆の勢力を削ぎ、武田氏へ協力させていった。高井郡の国衆井上氏の惣領清政《きよまさ》は長尾氏の側についたが、その庶子で高井郡綿内に所領を持った井上左衛門尉は六月二日隠居免《いんきよめん》三五〇貫文の宛行状《あてがいじょう》を得た（綿内家文書『戦武』五〇一）。おなじく香坂氏は埴科郡八郎丸郷（長野市松代）一〇〇貫文のうち定所務六五貫文分（高野家文書『戦武』四九九）を、高井郡市川孫三郎は景虎方から武田氏についたことで安田氏の遺跡《ゆいせき》分（飯山市木島、高橋家文書『戦武』五〇三）の給与をそれぞれ約束された。同郡仙仁《せに》大和守は保科のうち小井弖《こいで》（長野市若穂）三〇〇貫文（仙仁家文書『戦武』五一七）、埴科郡西条治部少輔《じぶしょうゆう》は更級郡原・今里（長野市川中島）を給与された。すべて千曲川河東筋の国衆であり、武田晴信に属した。多くが小県から上州へ抜ける上州道に拠点を置く国衆である。とくに八月二五日に晴信は前年に還住していた西条治部少輔に対し東条城（尼巌城《あまかざり》）の普請に従事したことを褒賞した（西条家文書『戦武』五〇八）。武田氏についた西条氏が一時本領を離れざるを得なかったことが知られる。尼巌城は村上方の東条遠江守《とおとうみのかみ》が守備する小県・埴科郡間の重要な口であった。この城の頑強な抵抗で、武田氏は苦戦を強いられ、西条氏もここを退かざるを得なかったのだろう。天文二四年の和議により、武田氏についた信濃国衆も本領へ帰還したことを示している（平山　二〇〇二）。

このような状況のなか晴信の調略は越後にも及んだ。越後国板倉箕冠《みかむり》城（越後国上越市板倉区）の大熊《おおくま》備前守《びぜんのかみ》朝秀《ともひで》が八月に突如出奔した。なんと晴信方に転属したのである。調略の手が景虎直臣にまで及ぶ。蘆名氏家臣山内舜通からの書状によれば、舜通が晴信からの手紙を受け取り、景虎に対して会津国境の小田切安芸守が兵を動かす、と伝えられている。朝秀は西頸城郡の西浜口（糸魚川市）へ出兵した庄田《しょうだ》定賢《さだかた》・上野《うえの》家成《いえなり》によって撃退された（上杉定勝古案集『上史』一三五・一三七）。景虎側近で越後揚北《あがきた》衆の本庄《ほんじょう》氏と朝秀が対立していたことが遠因だが、こうした家臣団の乱れに乗じた晴信の調略とみられる。朝秀はこのあと晴信により重用され旗本足軽大将に任じられた。

こうした越後国内の混乱には理由があった。弘治二年三月に景虎が隠居を宣言したため、政治が機能停止してしまったのである（今福　二〇一八。新潟県立歴史博物館所蔵文書『上史』一一五。『上史』は天文二三年とするが弘治二年が正しい）。

景虎出奔す

景虎は「出奔」したのである。

このときの心境は長慶寺天室光育《てんしつこういく》へ宛てた先述の回想録的な書状からうかがえる。父祖の功績や自身の業績を書き連ね、国が豊かであることから、家臣の横合《よこあい》（命令に服しないでとやかくいうこと）がおこって今までの功績が無になってしまった、家臣達も面白味がないものとなってしまった、などと述べている（『歴代古案』『上史』一三四）。景虎は書状を記した六月二八日には春日山城から出奔していたのである。家臣団のまとまりのなさが出奔の原因といえよう。また景虎が「俄《にわか》に認《したた》めさせ候間、草案に及ばず筆に任せて」一気に書状を書いたという。「越後に万端退屈共候」（上杉家文書『上史』六七）と景虎の不満が一気に噴出した結果の出奔だった。ちなみに出奔先は書状に「他国に滞留」とあるだけで不明である。近世の写本では比叡山、高野山、関山妙高山などと記されているという（今福　二〇一八）。

高梨政頼の小館退去

この出奔を読み解くため、次の直江実綱《なおえさねつな》書状をみてみよう。高梨政頼《たかなしまさより》から
の書状に対する実綱の返書である。越中へ移った景虎を政景が説得した時
に関わる文書である（大阪城天守閣所蔵文書『上史』一〇六）。高梨政頼は

景虎との関係は深い。拠点を置いたのは中野小館《おだて》（中野市）である。

御芳書のごとく、今度不慮《ふりよ》の題目によりその地に御在留、内々是より御音信《ごいんしん》に及ぶべきの処に近日東条《ひがしじよう》に向い行《てだて》を致さるべきの由、これを申され、只今その調義半ば候、さ様取乱の故、遅々致し御報罷《まか》り成候事疎略《そりやく》に相似、迷惑せしめ候、然して御馬越中へ御登《おのぼ》せこれをなさるにより過書の儀差し越し候、則ち相調へ彼御使へ渡し申し候（後略）

「不慮の題目」によりあなたが御在留している、内々にこちらよりすぐに返事を出すべきところ、東条《ひがしじよう》城（尼巌《あまかざり》城）へてだて（攻撃）の準備をおこなっており種々とり乱れ返書が遅れたことを詫びている。「御馬越中へ御登せ」とあることから、景虎が越中へ出兵した際のものと考えられる。『信濃史料』ではこの年代比定については弘治三年（一五五七）七月三日としている。しかし、弘治三年段階で景虎が越中へ出馬した形跡はない。『上越市史』では、これを天文二二年七月三日としている。この説に立つと天文二二年八

月に景虎は越中へ出馬したことになる。しかし、このときは上野原の合戦があり、景虎および政景が出兵していたと推定されることは前述のとおりである。

大熊朝秀の謀叛に対応する出陣が越中口（西浜口）でおこなわれたことが弘治二年八月一四日に確認される（上杉定勝古案集『上史』一三五）から、この書状は弘治二年七月三日のものと位置づけるべきだろう。

不慮の題目

高梨政頼が「今度不慮の題目」により「その地に在留」を余儀なくされたことの意味は何だろうか。この時期の武田氏の高梨領への侵入過程をみてみよう。二月一二日、晴信は原左《さ》京《きようのすけ》亮に宛てて山田領（高山村）の貴賤《きせん》に対して降伏勧告を出したことを報じた（諸家古案集『戦武』五二八）。さらに高梨氏庶子山田左京亮に対して、山田郷（高山村）五〇〇貫のほか、あらたに大熊郷（中野市）七〇〇貫の知行を約束した（同『戦武』五三〇）。山田高梨氏と地縁関係のある原左京亮も、高梨家臣で木島郷（飯山市木島）の国衆木島出雲守《いずものかみ》とともに武田氏に従属し、「敵中野へ相摸候」（移カ）と高梨氏が中野へ移ると晴信に報じている（同『戦武』五三一）。つまり政頼は弘治三年二月までに領内の一部を簒奪されていることが明らかである。すでに中野小館《おだて》を退去していた可能性が高い。そして政頼はその奪還のためにこのとき兵を動かしたのだろう。三月晴信は坂田郷

（須坂市）の伊藤右京亮にも高梨領間山郷（中野市）を与える約束をした（同『戦武』五五二）。大熊・間山両郷は高梨惣領家の根本所領である。これらから政頼が本領を奪われ飯山城まで退去し、窮地に陥っていたことがうかがえる。不慮の題目はそのことを指すのだろう。

高梨氏の反撃・景虎の復帰

高梨氏も手をこまねいてはいない。挽回を図るべく武田方に付いた綿内《わたうち》要害《ようがい》（春山城　長野市）を八月に攻撃した。この戦いで高梨氏の被官今《いま》清水《しみず》六郎次郎が勲功を挙げており政頼から感状を得た（長野県立歴史館所蔵文書『信史』一二、一〇三）。

大熊朝秀の出奔先は不明だが、江戸時代の史書によれば比叡山や高野山、妙高などの可能性が指摘されている。景虎はこうした家臣団の動揺に危機感を抱く義兄長尾政景ら国中の面々が強く訴えてくるのを無視できなかった。八月一七日付の書状で、政景から「弓矢お遁候様自他とも批判これあるべく候」（戦いからお逃げなさるのかと内外から必ず批判されるでしょう）と強く諫められたことを受けて景虎は「貴所のご意見に任せ候」（あなたのご意見はもっともだ）と出奔を翻意し、さらに起請文で偽りなき旨を宣誓した（上杉家文書『上史』一三六）。双方の対立はすでに解消しているものの、このやりとりからは、景虎の

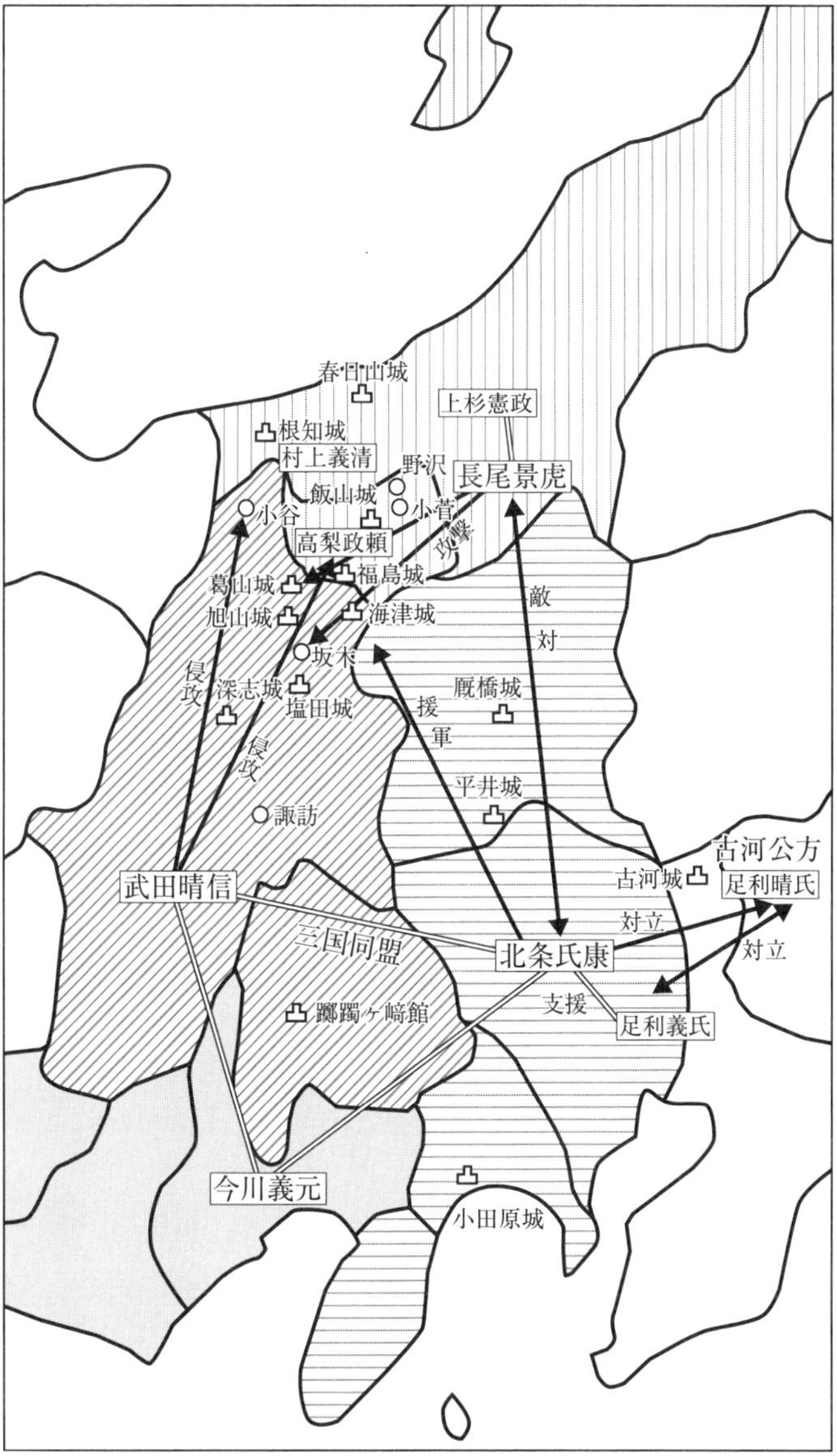
春日山城
上杉憲政
根知城
村上義清
野沢
長尾景虎
飯山城
小谷
小菅
攻撃
高梨政頼
葛山城
福島城
旭山城
海津城
敵
対
坂木
侵攻
深志城
塩田城
厩橋城
援
軍
侵攻
平井城
諏訪
古河公方
古河城
足利晴氏
武田晴信
対立
三国同盟
北条氏康
対立
支援
躑躅ヶ崎館
足利義氏
今川義元
小田原城

図21　弘治３年勢力図

立場が同族の政景に対してかなり気を遣わざるをえないものだったことがうかがえる。

これに関連し、弘治三年に比定されている八月四日「長尾政景宛長尾景虎書状」（上杉家文書『上史』一五〇）をみると、「御出陣の上御留守にいたつて」「信州の面々衆一旦申し通す義をもって数年加勢に及び」「争《いかで》か貴所御事見除致すべく候哉」「もし御疑心の義も候はば、誓書も以て申し宣《の》ぶべく候」とある。政景が信州に出馬した状況や、川中島への景虎の数年に及ぶ出兵の状況、そして疑念あればこのあと起請文を記す用意があることを記している。つまり弘治二年八月一七日の書状に連続する文書と位置づけられる。八月に名乗りを宗心から再び景虎に改めた。花押も元に戻した。なお景虎は弘治三年五月の元隆寺への願文の中で弘治二年は晴信との直接対陣がなかったと記す（謙信公御年譜『上史』一四七）。

朝秀の出奔は、奇しくも家臣団の結束を促した形となった。しかし政景には起請文をしたためて復帰を約束するなど、実際はまだ景虎の立場は諸家臣の意向を無視できない不安定なものであったともいえるだろう。

弘治三年（一五五七）正月、景虎は更級八幡宮（千曲市　武水別《たけみずわけ》八幡宮）に願文を奉納した。現物は残されていないが『歴代古案』に書写されている。「武田晴信と号す佞臣《ねいしん》あり、かの信州に乱入し、住国の諸士悉《ことごと》く滅亡す、神社仏塔を破壊し、国の悲嘆累年に及ぶ、何ぞ晴信に対し景虎闘諍《とうじょう》を決すべき遺恨なし、隣州国主たるにより、或いは後代鬼神に誓ふを恨み、或いは眼前友好を捨てがたき故、近年助成に及ぶ」と、八幡神に対し、北信濃の諸士を滅ぼし神社仏閣を破壊した本人晴信の打倒のため、神の助けを得たい、とするものである（『上史』一四〇）。実際に北信地域では社寺の兵火伝承が多く残されている（『須坂市誌』）。ことに伝承の多くが武田勢により攻撃され社寺が焼失したという構図である。伝承の真偽は検証しようもないが、合戦の被害の記憶としてこれらの災害情報が地域に留められたものだろう。

なかなか出兵しない甲越両軍

武田軍は弘治三年二月一五日、葛山城を攻撃した。城を守備する小田切駿河守などが討ち取られた。このとき晴信の発給した感状は一六通ある（内田家旧蔵文書『戦武』五三三など）。そしてこの感状の出された日付は約一ヶ月後の三月一〇日で、通常の発給よりも間隔が開く。スピーディな晴信にしては遅い。

景虎は翌二月一六日、揚北衆色部勝長《あがきたしゅういろべかつなが》に対し、晴信が和議を破って葛山城を奪い取ったこと、味方の島津氏も退去したことなどから、是非に及ばずと報じ、自らも出陣し勝長へも参陣するように促した。景虎は中途まで出陣したが雪中のため勝長はなかなか出陣しない。首を長くした景虎は、信州の味方が滅べば越後の備えも不安だと心中を吐露した（色部文書『上史』一四二）。後の回顧談だが、永禄七年に晴信の悪行を書き記した景虎は、晴信が今川を通じた和議を翌日翻した、として厳しく糾弾した（堀田次郎氏所蔵文書『上史』四一五）。弘治二年の出奔時もそうだが、景虎は過去のことを執念深く蒸し返し書状に書く癖がある。

越後軍の動静は高梨旧臣の木島出雲守・原左京亮が三月一一日に晴信に報じ、一四日に書状が晴信のもとに着府した。後述するように晴信は甲府にいた。この遅さは現地葛山に晴信がおらず、よって勲功の報告や確認に時間がかかったのだろう。晴信は、自ら出馬すること、木島・原から直接状況報告を受けることを了承し、飯富虎昌《おぶとらまさ》に伝えさせた（志賀槙太郎氏所蔵文書『戦武』五五〇）。

いっぽう景虎は三月一八日の段階でもまだ出陣を渋る勝長に対し、なんとしても信州へ出馬するよう促した（色部文書『上史』一四二）。三月二三日には義兄政景に対しても、このたびもやむにやまれぬ理由があるので傍観することはできない、と自身の出馬の正当性を切々と訴えた（長野県立歴史館所蔵文書『上史』一四三二）。実際は出陣の日限を家中と相談すべきところだが、景虎の出陣が遅れれば、「飯山城を明け払わなければならない」と、しきりに城を守る高梨政頼が救援を求めている、景虎は、このまま延引すれば、信濃国衆の信頼も失ってしまうことになるので、明日三月二四日に出立することにした、と記す。政景に対して、速やかに出陣されるのが大事だと伝えた。この書状を届け、詳しい状況について口上したのが大井田《おおいだ》藤七郎景国《とうしちろうかげくに》、政景の弟である。大井田氏は、市河谷に面した信濃口の境目妻有（新潟県津南町）の国衆である。口上は書状を伝達しながら口頭で中

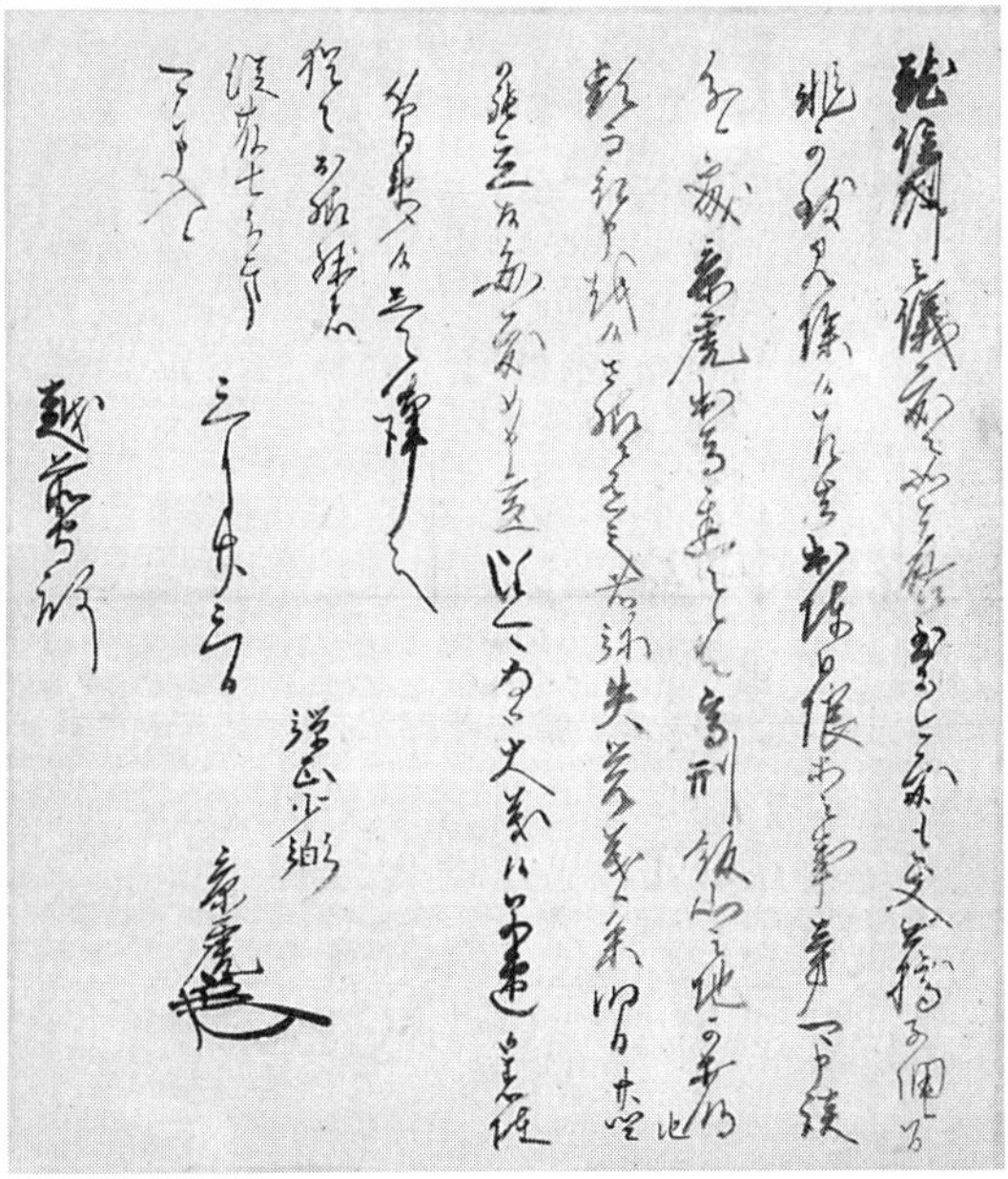

図22　義兄長尾政景に宛てた景虎書状（長野県立歴史館所蔵）

し述べる使者で、景国は景虎の近習とみられる。

この文書は通常の横長の竪紙《たてがみ》の左右を切った竪切紙という料紙を用いている。中央横に折り目を付け、文書の奥（左端）から順に折りたたむ横内折の型式で作成されている。この形態の文書は戦国期とくに東国大名によって用いられた。追而書《おってがき》という追筆部分もわざわざ文書の日付の上の余白に書き入れた。先に内折りすることで花押の墨影《ぼくえい》を残し、改ざんを防ぐ目的もあっただろう。飯山落城の瀬戸際、機密情報を記す緊迫下の書状であることは間違いない。

両軍出兵へ

実際に景虎が兵を動かしたのは四月になってからだ。この動きは劣勢にあった景虎方の北信濃の国衆を早速刺激した。葛山を退去した島津忠直は鳥屋《とや》（長野市七二会）に加勢し、さらに鬼無里《きなさ》（長野市）へ夜襲をかけた。この情報は、小川（小川村）の大日方から木島出雲守を使者として晴信に報じられた。晴信は自筆で長坂虎房・日向虎頭《ひなたとらあき》に書状をしたため、状況の把握に努め、帰参し報告せよ、「帰国」のついでに鬼無里筋の路次を見分し、疎略なく披露すること、小川・柏鉢《かしわばち》から鬼無里に向かう鳥屋筋の絵図を持参すること、などと命じている（長野市立博物館所蔵文書『戦武』五五七）。西山地域の動静が緊迫化していた。また、晴信が長坂らに「帰国」を命じていることで、晴信はまだ甲斐国にいたことがわかる。

信濃に入った景虎本隊は谷街道筋を南下し、高梨旧臣山田氏の山田要害（高山村）、須《す》田信頼《だのぶより》の福島城《ふくじま》（須坂市）を奪い取った（新潟県立歴史博物館所蔵文書『上史』一四五）。福島城は千曲川右岸（河東）の城で、谷街道と北国街道が交錯し、布野《ふの》渡しから長沼、善光寺へ通じる交通上の重要拠点である。また山田は草津へぬける上州道の中間点である。上州と信濃を結ぶ重要な中間点で、また高梨領へ抜ける間山峠（中野市）を押さえる拠点である。それにもかかわらず晴信はいち早く山田・原氏を調略していた。景虎にとり高梨氏など信濃国衆を還住させるためにこの地の奪還は必須だった。

景虎は四月二一日に善光寺に着陣した。領地を追われた信濃国衆が還住できたので、色部勝長に対して早く着陣するため、とにかく動いて欲しいと急かしている。二五日には相手の根小屋《ねごや》をことごとく放火し、旭山城を「再興」し陣地とした。「武略をめぐらし晴信を引き出し一戦を遂ぐべき覚悟」と述べる。いっぽう、武田方から「種々申し擦《あつか》ふ旨（和談を申し入れる）」があったので、近日は軍を動かすことを先延ばしにして停戦状態であるが、そちらも油断なく備えて欲しいと出羽国藤島（山形県鶴岡市）の土佐《とさ》林《ばやし》能登《のと》入道《にゅうどう》禅《ぜん》棟《とう》に報じた（芳賀文書『上史』一四八）。土佐林は奥羽の大名最上《もがみ》氏の家臣で揚北衆との取

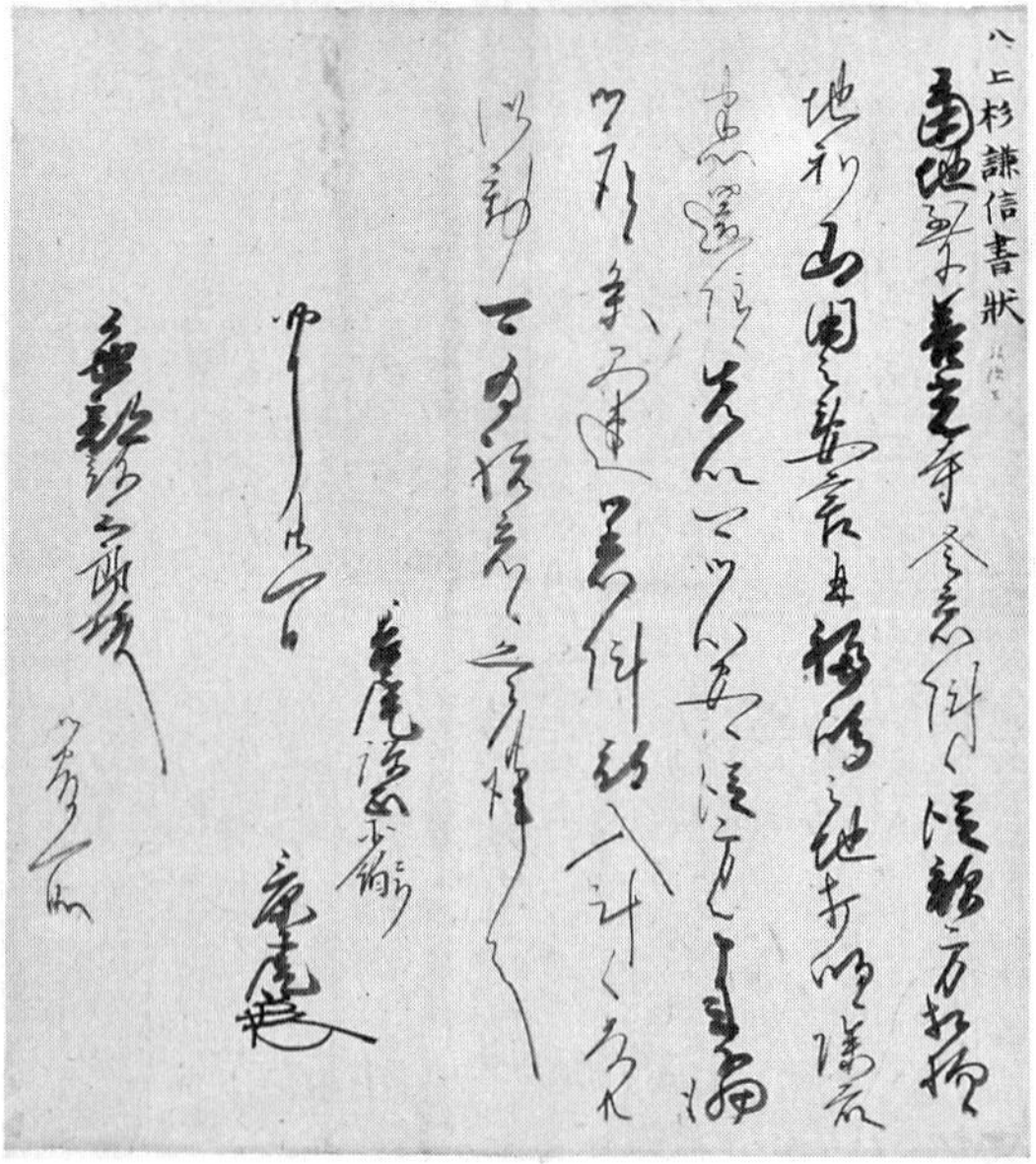

図23　長尾景虎書状（新潟県立歴史博物館所蔵）

次をした境目《さかいめ》の武士である。

景虎は出兵要請に応じない揚北衆色部氏の動向に注意も払った。

五月一〇日、景虎は願文を小《こ》菅山元隆寺《すげさんげんりゅうじ》に奉納した（謙信公御年譜『上史』一四七）。昨年の夏からこれまで「晴信ついに出兵せず」と晴信がなかなか北信濃に姿を現さず、また和議を講ずるなどして直接対決に至らない〝いらだち〟を隠さない。鬱憤《うつぷん》を晴らすため飯山に兵を進めた景虎は、明日上郡へ出兵し、元隆寺の開基という坂上《さかのうえの》田村麻呂《たむらまろ》の法力を借り、敵撃滅を祈願した。成就の上は、社領として川中島の一所を寄進すると約束した。

景虎は一二日に埴科郡香坂（長野市松代）へ兵を進め近辺を放火した。平山優氏は景虎の行動は武田氏の海津築城に関連するとみているが、状況的にその蓋然性が高い。晴信は天文二二年の段階からこの地を小県と埴科郡とを結ぶ戦略上の拠点として重視し、尼巌城の攻略を命じてきた。また天文二四年には清野氏の所領を晴信が預かっている。この地を拠点化しようとしていた。景虎はその後千曲川右岸を坂木、岩鼻まで兵を進め、散々に敵を追い払った。敵一、二〇〇〇人が五里三里先から背を北《そむ》けたため捕らえることができなかったことに対し、無念の胸中を高梨政頼へ伝えた（渡辺謙一郎氏所蔵文書『上史』一四九）。

武田氏の山伏統制と情報伝達

晴信を逃がした景虎は六月一一日には飯山へ陣を移した。この状況を、晴信は雇った山伏を通じて市河藤若《ふじわか》に伝えている。これによれば、景虎は高梨政頼を通じて市川谷の藤若と和議を結ぶ画策をしており、晴信はその情報を察知し、武田と市河との間の誓約に任せて、私の心の内を残さずお伝えしたい、と「情」に訴え藤若が離反せぬよう念を押した（長野県立歴史館所蔵文書『戦武』五六一）。

室町時代、市河氏は一族から上杉家年寄衆を輩出した境目の国衆で、この時点ではまだ志久見箕作《みつくり》（栄村）に館があった。弘治二年に武田氏から安田氏の遺跡《ゆいせき》（相続地）を宛行

図24　尼巌城（画：宮坂武男，長野県立歴史館所蔵）

われていた。おそらく晴信・景虎双方に通じていたのだ。

　六月一八日には武田方の上州衆が悉く谷街道筋へ集結し、上田筋へは武田軍への援軍を率いた北条綱成《つなしげ》《つななり》が出張る予定で、景虎軍は時日を待たず滅びるだろう、と晴信の雇った客僧《かくそう》が藤若に伝えた。この上田筋は、通説では小県郡上田である。しかし「筋」であるから、ピンポイントの地を示しているのではなく、道すじなど「方角、方向」を指す。戦況が越後国境をめぐることから、関東から越後国殖田《うえだ》関を越えて魚沼へ入るルートを指したものだろう。

　これは三国同盟の一方の主である北条氏による軍事支援の一環として捉えるべきで、直接的には関東管領で北条氏に敗れて景虎のもとへ逃れた上杉憲政《のりまさ》牽制の意図もあった。実際に永禄元年（一五五八）閏六月に北条氏家臣武蔵国大里郡の市田茂竹庵《いちだもちくあん》に対し、晴信は上州への加勢に対する謝礼を述べた。脇付《わきづけ》や書止《かきとめ》の恐々謹言など厚礼の書状である（『武

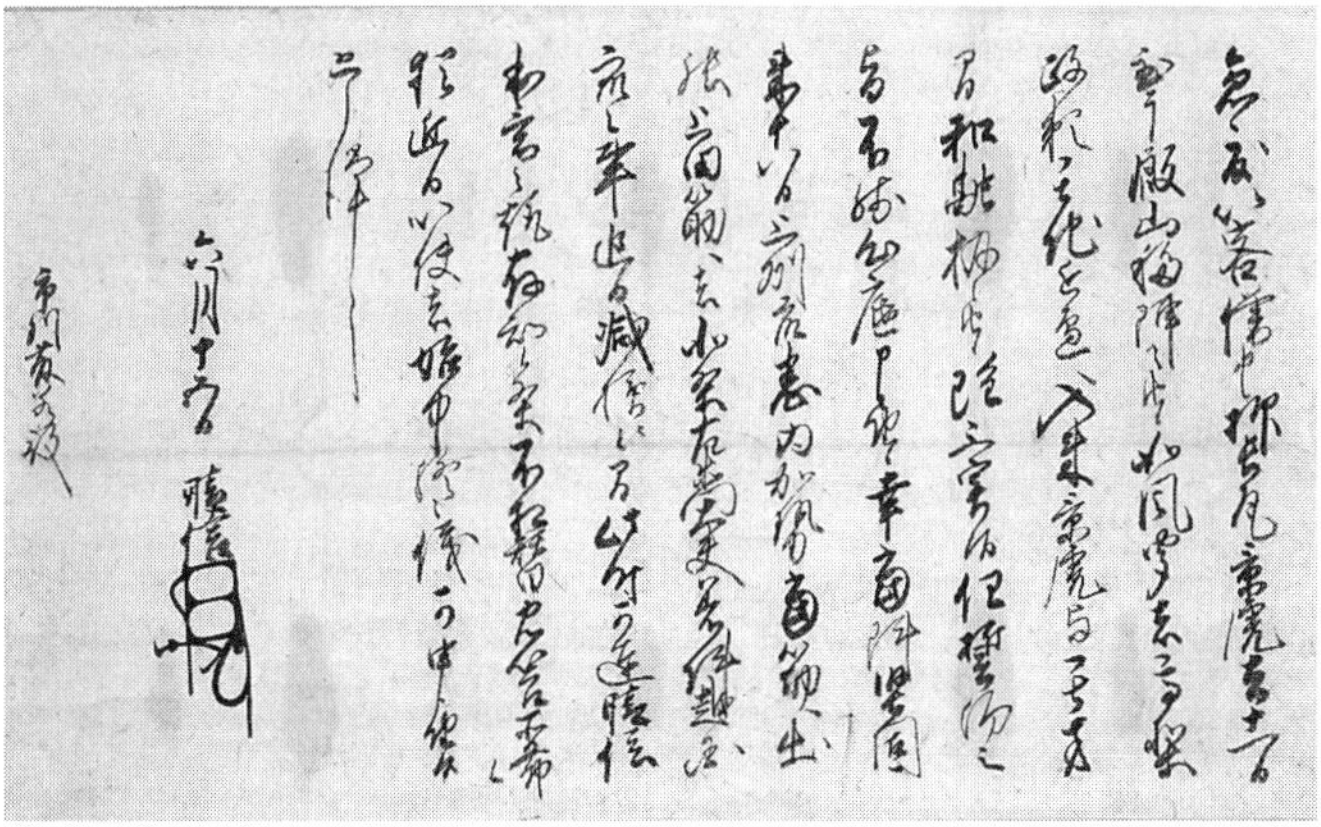

図25　客僧山伏が口上した晴信の書状　(長野県立歴史館所蔵)

家事紀』『戦武』五九八)。上田筋への出陣はこのことを指すのだろう。柴辻俊六氏によれば、武田氏の西上野への積極的な侵攻は永禄四年(一五六一)一一月からだが、『甲陽軍鑑』に弘治三年から永禄二年に晴信が西上野へ出兵した記載がみられ、それ以前からこの地域の地侍と交渉を持っていたという(柴辻　二〇一三)。高井・埴科郡の動向はこのように西上州の情勢と直結していた。

「藤姓市川氏系図」によれば市川信房《のぶふさ》の子に房幸《ふさゆき》がおり、房幸は藤若丸、孫三郎、新六郎などと名乗る。系図を分析した西川広平氏は信房の子とされる房幸の系図事書が実は信房のものであり、房幸自体が架空の人物であることを推論した(西川　二〇一一)。西川氏は弘治二年に安田遺跡を安堵された孫三郎はこの藤若（すなわち信房）の父であるとし、樋口和雄氏は信房本人とする（樋口　二〇一七）。系図の錯綜・創作が見受けられ注意が必要だが、少なくとも藤若をのちの信房とする点は同意できる。ただし房幸（信房）の名乗りは孫三郎・藤若・新六郎とされており、これを同一人物の系譜の記述とみるのではなく、信房ともう一人がここに混入しているとみるべきだろう。

藤若への書状を運んで口上した「客僧《かくそう》」とは山伏（修験）である（長谷川　二〇一四）。当時、山伏は本山派《ほんざん》（聖護院《しょうごいん》門跡）・当山派《とうざん》（醍醐《だいご》寺三宝院）の二派によって全国教団化が進んだ。東国大名はそうして組織化された山伏を支配しようとした。武田氏は客僧条目を制定し、棟別役の普請をすべて免除すること、遠国への使者役を務めるべきこと、使者を務める客僧には路銭をわたすことを定めた（武井家文書『戦武』七〇七）。山伏が京都と地域間の頻繁な往来や交流など広範なネットワークを通じて情報を得ていたことに東国大名が目を付けたのである。山岳などの悪路を頻繁に往来していた機動性も見逃せない。聖護院門跡は室町時代以降全国の山伏や熊野先達《せんだつ》（霊地熊野への先導者）から役銭を徴収するシステムを確立している。先達は霞《かすみ》（檀那場）をテリトリーとして在家や、同行《どうぎょう》（末端の山伏）から祈禱料や役銭を収得しており、いわば富を集積していた。武田氏はこうした山伏のメリットを活用したといえる。

弘治三年六月、景虎は野沢（野沢温泉村）に陣を移し市川氏を攻撃した。在陣中の藤若は、晴信に中野の谷街道筋に後詰を送って欲しいと飛脚で伝え、早速晴信は上野国倉賀野へ上原与三左衛門尉《うえはらよぞうさえもんのじょう》を派遣し北条氏に援軍を要請した。晴信は塩田在城の足軽を始め、原与左衛門尉《はらよざえもんのじょう》五〇〇余を真田幸綱のもとへ遣わす。しかし援軍の届く前に景虎は退却し晴信は景虎を取り逃した。晴信は、自分の指示を受けずとも「湯本《ゆもと》」からの注進により即応して出陣するよう飯富虎昌に命じたので安心せよ、と藤若へ伝えた（山梨県立博物館所蔵文書『戦武』五六二）。ここでいう湯本は、地名ではなく上野国草津の土豪湯本氏だろう。湯本善太夫および甥三郎右衛門尉が武田氏に従属していた（『加沢記《かざわき》』）。年未詳ではあるが、禰津常安《ねつじょうあん》（信直《のぶなお》）が晴信から火急の出陣にあたって諏訪上原城へ留守居役としての着陣を命じられた際に、湯本・鎌原の二人も参陣するよう求められた。これは晴信名であるので、永禄二年以前に湯本氏が武田氏に従属していたことをうかがわせる（『戦武』四一七七）。

「山本菅助」の口上

この書状を携え晴信の意を含んで口上したのが「山本菅助」である。この文書は山本菅助（勘助か）の名前が出てくるという意味で、著名な文書である。『甲陽軍鑑』に足軽大

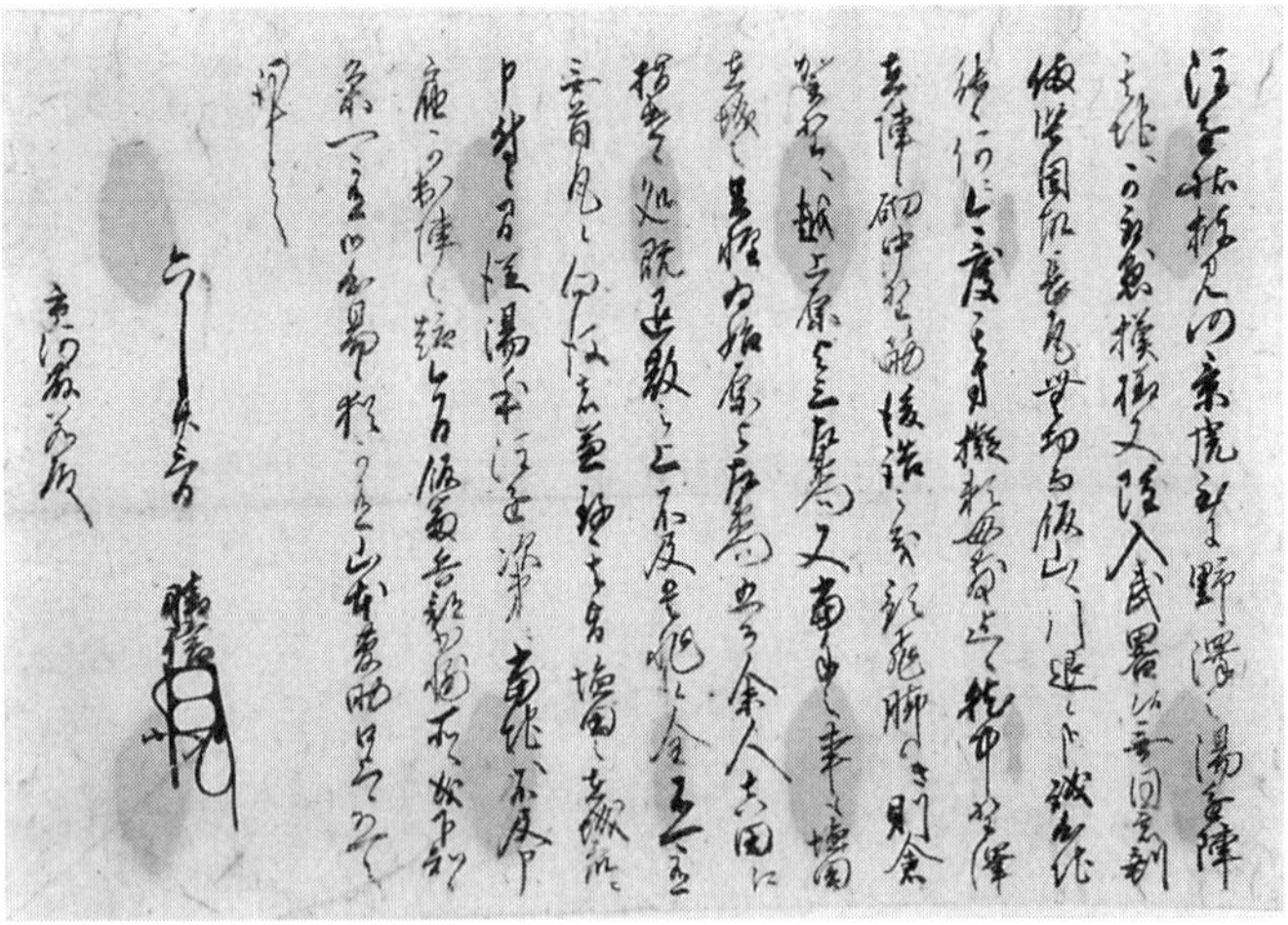

図26　山本菅助が口上した文書（武田晴信書状，山梨県立博物館所蔵）

将としてみえる「山本勘助」だが、戦前の田中義成以降、史学界では『甲陽軍鑑』の史書としての位置づけが否定されてきた経緯が長らくあり、山本勘助の存在も疑問視されてきた。しかし昭和四四年（一九六九）に信濃史料刊行会による調査で「北海道市河文書」のなかにこの文書が見いだされ、「山本菅助」が金井喜久一郎によって紹介されたのである（金井　一九七一）。以降、『軍鑑』の史料学的な検討もおこなわれ、にわかに実在論が脚光を浴びた。とくに平成二〇年（二〇〇八）に安中市真下家所蔵「山本家文書」が発見されたことにより、その研究が深化した。表記は異なるものの（人名表記の当て字は当時しばしばみられる）、その存在が確認されたといってよいだろう。ただし『軍鑑』に描かれる山本勘助像と、山本菅助の実像は乖離する部分もあることも事実である。くわしくは巻末の参考文献をご参照願いたい。

六月一六日・二三日発給文書

ちなみに武田晴信発給の両文書（図25・26）を見比べてみるとお気づきの点はないだろうか。それはシミの位置である。ほぼ同じ場所に汚れがついている。これは両文書がある時期まで同一の場所で重ねて保管されていたこと、またある段階で水濡れなどがあったことを示している。一六日付の文書はこれまで、米沢藩時代に上杉謙信の古文書を時代順に編纂した「謙信公御代御書集」に掲載されていたが原文書は近代以降には散逸していた。平成二四年に長野県立歴史館が購入している。いっぽう二三日付けのものは長らく市川氏が所持していたが、平成になって山梨県が他の文書も含めて購入している。

内容をみると前者は山伏が口上し、後者はいうまでもなく山本菅助が口上者であった。小和田哲男《おわだてつお》氏は、戦国大名の軍師像を、①陰陽師《おんみょうじ》や修験者が占星術《せんせいじゅつ》や鬮《くじ》を通じて出陣の日や天気などを占う軍配者《ぐんばいしゃ》となった、②兵書を学んだ僧侶・学者が戦国武将の軍学の師となった、と大きくまとめている（小和田　一九九〇）。小和田氏によれば修験と呼ばれる山

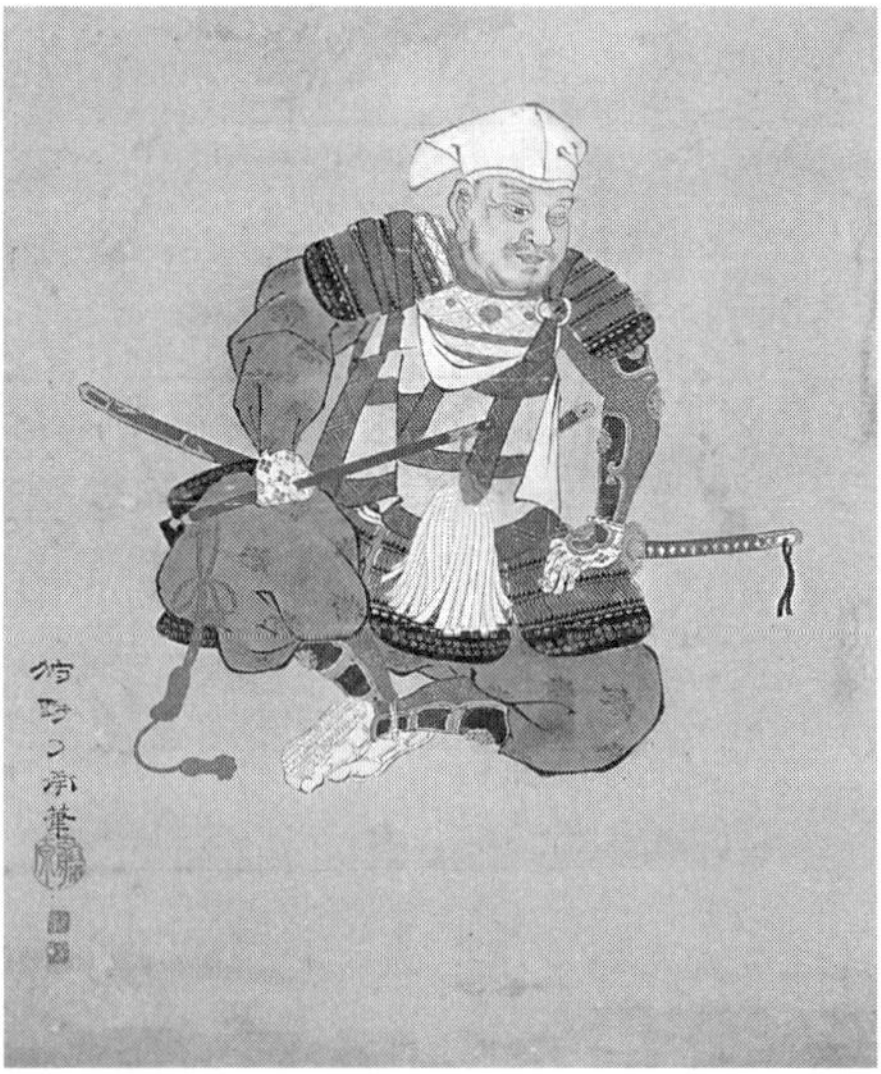

図27　山本勘助（山梨県立博物館所蔵）

伏が大名のもとで鬮をおこなうことも一般的で、いくさの指南をおこなう軍師の仕事として意識されていたといい、菅助もまた軍配者的な軍師であった徴証としてみておられる。

七月の葛山城をめぐる史料

このあとの景虎と晴信の動きを確認する。弘治三年とされる次の文書をみてみよう（傍線筆者）。

おのおの相挊《かせ》がれ候故、そこもと備えしかるべきの由、申し越され候、一段祝着候、当口の事は、春日・山栗田没落、寺家・葛山人質を出し、島津に仕えるの事においては、今日降参すべきの趣申し越され候、元より同心相通ぜられ候条、別儀あるべからず候歟、この上は畢竟《ひっきょう》相極め、東条と綿内、真田方衆申し合い、武略専一候、只々時節到来の趣見届け候間、いささかも油断あるべからず候、恐々謹言、追て、内々□（綱）島辺に在陣すべく候へ共、もし越後衆出張候へハ、備如何の由各異見候間、佐野山に馬を立て候、両日人馬を休め、明日は動をなすべく候、

七月六日　　　晴信（花押）

小山田備中守（虎満）殿

笹平《ささだいら》城主で葛山衆の春日氏（おそらく大日方氏に調略された一族だろう）、戸隠別当家の栗田氏（山栗田氏）が敗れて逃亡した。善光寺・葛山城は人質を出し、島津忠直（昔忠）

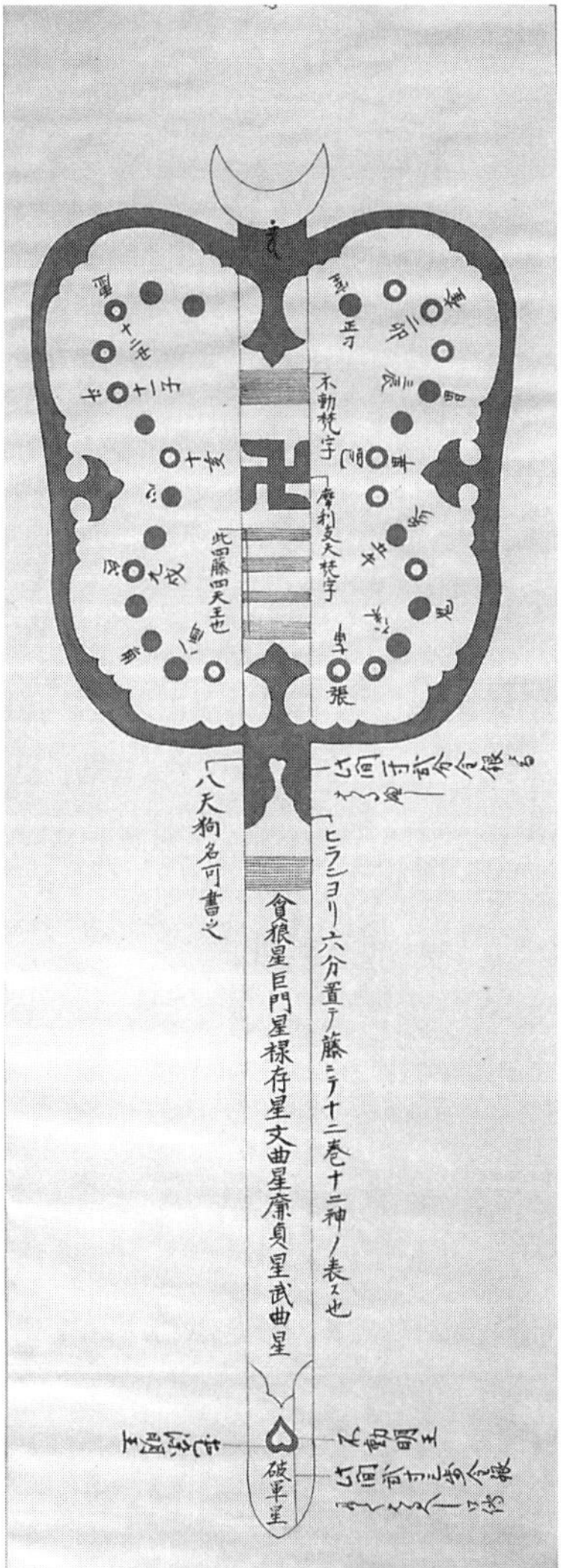

図28　占星術に基づく軍配団扇
（松本市立博物館所蔵）

に仕えていたことについては、（わびを入れて）今日投降してきた。もとよりこちらに味方することになるよう通じていたので間違いはないだろう。東条・綿内そして真田幸綱《ゆきつな》が相談して計略することが大切だ、と述べる（大阪城天守閣所蔵文書『戦武』五六三）。

この史料の評価は難解である。柴辻俊六氏は傍線部について「葛山城からは人質を取って確保しており、景虎方の長沼城（長野市長沼）の島津氏も投降すると申し出ている」とし、島津忠直が二月の葛山城落城で大蔵城へ退避することから（色部文書『上史』一四二）、これを弘治三年と比定した（柴辻　二〇一四）。また『武田家家臣団人名辞典』でも同様な理解である。しかし、文面は「島津に仕えるの事においては」とあって、島津氏が投降したとはいっていない。また文面からは五ヶ月前に葛山城が落城している様子がまったくうかがえず、葛山城から人質を取り、小山田虎満《おやまだとらみつ》に対して「武略専一」を命じており、むしろ戦闘が継続していることをうかがえる。すでに天文二二年八月の段階から葛山衆と称される水内郡西山地区の地侍春日越前守など同名氏族が調略の対象となっていた（大日方家文書『戦武』三八一）。本文にあるように「元より同心相通ぜられ候」と、投降は織り込み済みであった。本文書は天文二二年以降、弘治三年以前の可能性があるが、結論からいえば、この文書は天文二四年七月とすべきだ。追而書に、佐野山（千曲市）を拠点に「内々綱島辺に在陣」と記す。天文二四年七月一三日に晴信が綱島再興を命じ在陣、次いで七月一九日の犀川で両軍衝突がある。晴信は小山田虎満を北信濃の押さえとし、尼巌城の東条遠江守や小県の真田幸綱、井上（綿内）左衛門尉と示し合わせるように命じた。

以上から、いわゆる第三回川中島の戦いがあったとされる弘治三年は、二月の葛山城の落城、景虎が出兵した山田要害・福島城への攻城、五月一三日の坂木・岩鼻の景虎侵攻、そして景虎による野沢攻略で終わる。この年の八月にあったとされた上野原の合戦も、天文二二年のことと比定し直されている。晴信は景虎との直接会戦はなかったが、葛山衆や上州と接する河東地域の国衆の調略が進められ、水面下で奥郡支配を強めていく重要な年であった。

晴信軍は七月五日、安曇郡小谷方面へ攻め入り小谷城を攻略し、小平木工丞など八名に感状を出した。発給日は六日後。晴信は後方の深志周辺で指揮を執っていたのだろう。

永禄四年の合戦

室町幕府の停戦命令と双方の言い分

晴信は弘治二・三年（一五五六・五七）の調略により河東地域の国衆を帰属させることに成功した。松代から地蔵峠を越え小県・鳥居峠を抜けるルート、善光寺から福島を経て大笹道で長野原へ抜けるルートなど東西ルートが武田氏によって構築されるきっかけとなった。

翌弘治四年正月、武田晴信は信濃守護職を獲得し信濃国の実効支配の正当性を得た（東洋文庫所蔵大館文書『戦武』五八六）。晴信は守護職獲得に向け激しい工作をおこなっていたようで、この書状で晴信は礼銭のほか「兼約申され候知行の儀、追て相調へ進献せしむべく候」と大館晴光《おおだちはるみつ》に知行地の寄進を申し入れている。このアプローチにより嫡子義信が三管領家に準じられた。つまり足利一門の家格に武田家が位置付けられるという破格の待遇を得たのである。しかし信濃守護職補任《ぶにん》は、景虎との和睦を条件としたものであったことから、守護職補任は現状の晴信の知行を追認するものだった。景虎は領土拡大を志向せず、歴史的経緯から上杉氏の守護権力が波及する分国にいる味方中の還住（旧領回復）を企図した。晴信が奥郡を実効支配する現状が続く限りこの和睦自体が成立する可能性は低かった。

晴信が信濃守護職に補任された二月後の三月一〇日、晴信・義信父子宛に将軍足利義輝《よしてる》御内書が発給された。「景虎と和談の儀去年申し下し候」とあり、ここから前年の弘治三年に景虎と晴信の和談が命じられていた（以下「弘治三年停戦命令」）。この御内書は「弘治三年停戦命令」が出されたにもかかわらず、今なお停戦されていない状況を受けて、将軍から武田家に再度督促がおこなわれたのである。これが永禄元年（一五五八）一一月二八日大館氏への返書（本法寺文書『戦武』六一〇）である。これによれば「弘治三年停戦命令」が「信・越国切」をもって「和融」せよというものだった。督促とともに晴光からの下問があったようで、同日付の晴光宛の晴信書状（編年文書『戦武』六〇九）は、これに対する晴信の箇条書きの反論だ。

一　去る夏（弘治三年）景虎に対して軍事行動を取ったことに対し上意を軽視しているのではという質問について。すでに信濃国守護職補任の御内書を頂戴している。したがって他の横合があってはならないはずだが、景虎は二度にわたって放火をしている。これこそ上意に叛くものだ。

一　去年甲越和睦の裁定がなされ聖護院門跡から御内書を受領した（弘治三年停戦命令）。自分はこれを受けて直ちに戦闘を停止した、景虎が御内書を拝受したにもかかわらず、「海野」の地を放火したのは周知のことだ。

一　晴信が越後へ軍事行動にあたるのは少しも上意を軽んじるものではない。

一　再度乱入した理由は、聖護院の使僧（森坊増隆《もりのぼうぞうりゅう》）が甲府へ来訪とのことで上意を再度拝領するため越後のことはまず差し置いて帰国したためである。

一　信濃守護職補任の御内書は晴信が所持している、和融の善悪の下問は景虎に届けられるべきだと使者は越後へ向かったが、是非もなく押し返されたという。これこそ上意に背く事実である。よくよく御分別いただきたい。

一　晴信を守護とする趣旨が伝わっていない。信・越和融の停戦命令が下されたのだ。

晴信は以上のように反駁している。このなかで、晴信が景虎の行状を糾弾する根拠の一つとして、海野（東御市）を放火したとする点に注目したい。『信濃史料』は「海野」を不審とし、「海津」と比定する。これが「海野」であるとすれば、川中島の戦いで景虎が更級・埴科地域を越えた東信地域へ出兵したとする唯一の記述である。しかし、これまでみてきたように、景虎が状況的にこの時期小県郡しかも佐久に接するこの地域まで出兵することができただろうか。

平山優氏も海津説を採り、永禄元年段階までにすでに海津城が築城されていたことを示す傍証としている（平山　二〇〇二）。前述したように、天文二四年七月の段階ですでに清野氏の所領が晴信に預けられていたことも併せて考えると、海津説は首肯すべきだろう。つまり、景虎は自らのテリトリーとして意識している更級・埴科郡域を越えることはなかったのである。

永禄元年八月、晴信は戸隠山中院へ願文を出した。これによれば、晴信が次のような点を占わせていたことがわかる。

①十二郡吾が存分に随ふべきか否や（信濃一二郡が我が意のままになるかどうか）

②越後と甲州円融和同の事これを停止し甲戈を動かすこと吉たるべきや否や（甲越の和議を破って戦いを開始することが吉かどうか）

図29　甲府善光寺

占いの結果①は進めば必ず得るといい、②は越後勢が攻めてきても敵が滅亡し晴信が勝利するとの卦《け》がでた。晴信は一年以内に信濃全土を掌握し、越後衆がもし動くようであれば敵を撃滅することを誓ったのである（戸隠神社文書『戦武』六〇二）。あくまで晴信は、「信濃守護」任官を梃子として一国の円融和同を主導することが前提条件だった。このように晴信はしばしば占をおこない自らの軍事行動の拠り所としていた。これは神の思し召し（神慮）に従っているのだから、戦闘時に神が護ってくれる、という主張につながる。配下の家臣に対して、自分たちの背後には神がおり、必ずその加護があるだろう、と宣伝することで戦意を高揚させる効果もあったことだろう。

我々がおこなう神頼みであれば「試験に合格しますように」「神のご加護で勝たせてください」といったところだが、晴信は決して戸隠の神に頼んでいるのではない。晴信は占いの結果、晴信が勝つという占いが出たことを神に報告し、決意を表明しているのである。

そして銭を神社に寄進しているという体裁をとっている。晴信はしばしば占筮をおこなっているが、小和田哲男氏はこれらを担ったのが修験山伏だったと推測している。『甲陽軍鑑』にみえる「判ノ兵庫助」などはその典型であるという（小和田　二〇〇七年）。

晴信は九月二五日、信濃善光寺の阿弥陀如来を甲府に移した。善光寺の阿弥陀如来は三国伝来の生身仏《しょうじん》であるとされる。源氏の氏神である八幡菩薩の本地仏が阿弥陀如来であった。すなわち武田氏にとっての祖先神である。晴信は、戦火による焼失を防ぎ、またその加護を得ようとした。また甲府に新たな仏舎を建立することで、信濃から人々を移転させ門前町を反映させようとした（笹本　二〇〇五）。

遷座の背景はその通りだろう。しかしなぜこの年だったのだろうか。晴信には別の意味もあったのではないか。この点についてはあとで論じよう。

国分・国切

足利義輝の命令は、信・越両国の「国切《くにぎり》」による和融である。国切は、領土の境界画定である。晴信の反論は、あくまで晴信は信濃守護職を帯したうえでの和融であると記し、将軍がいう「国切」について無視し、あくまで景虎との円満な妥協を想定していない。

統一政権が生まれる前の一六世紀の大名間の領土係争を「国郡境目相論《こくぐんさかいめそうろん》」という。その裁定方法には「国分《くにわけ》」・「国切」などがある。それぞれやや若干のニュアンスの違いがあるが、裁定後は相互不可侵の約束を含む協定であることが前提であった。

「国分」は国々を分割して区分することで、確定した領土が「分国」である。いっぽう「国切」は「国限」ともいう。大名間の戦争調停について研究した藤木久志《ふじきひさし》氏は、永禄一一年の徳川氏と武田氏が今川氏分国を分割する協定を結ぶにあたり、大井川を境として手柄次第で切りとることが武田氏から提案されたと指摘した（藤木　一九八五）。つまり、「国切」には自力による手柄次第で当知行の領土を切り取り、確定させるものという意味も含まれていた。

では晴信が義輝の御内書にある「国切」について、自ら主張のなかで触れなかったのはなぜか。それは信濃守護職を得ることによって晴信が「信濃一国」の領土確定（国分）の正当性が獲得できたからにほかならない。晴信は、実力次第で領土を拡大すればよいのであって、その際、守護職自体は名目だけのものであってもかまわなかった。

景虎にとっても、天文二四年（一五五五）の今川義元の調停による「和与」は、晴信によって反故にされ、景虎が「堪忍《かんにん》に及ぶ（我慢を重ねる）」（色部文書『上史』一四一）ものだった。景虎宛ての（永禄元年）二月二〇日「足利義輝御内書」（上杉家文書『上史』一六一）によると、景虎は弘治三年停戦命令による和談を直接的に拒否はしなかった。しかし、実際は弘治三年夏段階で武田氏による支配が北信濃で進展しており、晴信の実効支配を承認する「国切」は景虎にとって約諾できる内容ではなかった。足利将軍家による「弘治三年停戦命令」は双方の思惑から結局失敗に終わる（村石　二〇一七a）。

永禄二年「足利義輝御内書」と信濃

いますこし室町幕府の状況をみてみよう。

永禄元年（一五五八）一一月、足利義輝が三好長慶と和睦し五年ぶりに帰国する。これにあわせ翌二年（一五五九）四月、景虎は二度目の上洛をおこない、義輝の帰洛を祝賀、忠誠を誓った。景虎は、国を失っても是非忠節を果たしたい、と関白近衛前嗣を通じて述べ（上杉家文書『上史』一七四）、義輝を感激させた（同『上史』一七五）。

六月二六日、景虎は書状封紙の裏書免除《うらがきめんじょ》、および塗輿《ぬりごし》使用を許された（同『上史』一七七・一七九）。この当時、家格は厳然と峻別されており、書状のやりとりも身分差に基づく礼節が重視された。自署表記方法や宛名、敬称・脇付など受給者と発信者の立場の格差があった。これを詳細にした礼節が書札礼《しょさつれい》である。裏書は書状を包む封紙に記す署名である。書札礼では、封紙の上書（表書）には相手の宛名と差出者の諱を記し、裏書は差出者の姓

図30　足利義輝（国立歴史民俗博物館所蔵）

と官途をそれぞれ記すことになっていた。裏書免除とは、裏書を記す必要がない家格として認められたということである。景虎は「三管領」（斯波・畠山・細川）「御一族」（足利一門としておく）の家格と並ぶ書札礼を許された（同『上史』一七八）。

さらに同日に二通の御内書が出されている。一通目は、景虎に対し関東管領上杉憲政の進退について、景虎の分別で義輝に「意見」し、援助するように命じたもの。二通目は信濃国の仕置を景虎に命令したものだった（同『上史』一八〇・一八一）。これまでの晴信・景虎に対する和睦命令が頓挫したことに対し、義輝は①晴信からの協力がなかったこと、②景虎の「分国境目」に晴信が乱入したことを非難している。そして「信濃国諸侍事、弓矢半《なかば》の由候間、始末景虎意見を加ふべき段肝要候」と戦闘状態の信濃国衆の始末については景虎が意見せよ、とするものだ。景虎に信濃国衆の扱いについて将軍へ「意見」を加えるように命じているのである。

室町幕府制度のなかで「意見」は単なる「助言」の意味ではない（笠松　一九六〇）。将軍裁可に供するための答申が「意見」であり、答申としての「意見」をそのまま採用することが通例となっていた。意見制は幕府の法曹官僚すなわち奉行人層のなかでも右筆《ゆうひつ》方に列せられる文官《ぶんかん》によって担われていた。限定的項目ではあるが景虎が室町殿足利義輝へ政策上の直接具申が許されたと評価できる。景虎は高度な外交交渉により、信濃守護となった晴信よりも上位にたって北信濃への出兵名目を獲得した。

谷口雄太氏は、諸大名が足利氏を認めた理由を二つの側面から詳細に論じた。簡略に述べれば、一つは制度としての「将軍」が自分たちにとって利益をもたらす存在であること、もう一つは家としての「足利氏」を武家の王とする共通の序列意識や序列認識が共有されていたこと、である。後者を谷口氏は「足利的秩序」とする（谷口　二〇一二）。景虎は今回の上洛で義輝から足利一門の家格に準じられた。上杉家は足利一門ではない。景虎は「足利的秩序」のなかで主家筋上杉家を越える家格を得た。武家の王としての足利氏による大名間調停を積極的に受け入れようとしたのが景虎だった。晴信もまた、嫡子義信の三

図31　長尾景虎へ血の起請文を提出（近衛前嗣血書起請文，米沢市上杉博物館所蔵）

管領に準じる家格獲得に動いたことも事実である。その意味で晴信も目に見える形での秩序に共通の価値を見い出していた。しかし、こと対景虎との停戦についての要請に対する対応は、極めて消極的であったと言わざるを得ない。

近衛前嗣の越後下向と景虎

景虎がまだ在京中のこと。時の関白近衛前嗣《さきつぐ》が景虎とともに越後下向を希望し、景虎もこれを認めた（上杉家文書『上史』一七二）。前嗣と景虎はしばしば酒席をともにし、意気投合した。前嗣自身すでに実権の失われた関白職に対して、失望していた

（同『上史』一九五）。上洛による朝廷に対する景虎の忠誠心に対して、若き青年関白前嗣は心強く感じただろう。前嗣は景虎に対して血書起請文を提出し、この下向に偽りのないことを示した（同『上史』一八六）。この水面下の動きには将軍義輝も寝耳に水で、正親町《おおぎまち》天皇即位式もあることなので、延期を求め直接景虎へ問い質している（同『上史』一九二）。実際に前嗣が越後へ下向したのは永禄三年（一五六〇）正月の即位式後。何故、関白が長尾景虎のもとに赴いたのかは不明である。

近衛家の文事と政事

ここで当時の近衛家をめぐる人脈をみておくことにしよう。

近衛家は藤原北家の嫡流。平安末期の関白藤原忠通《ふじわらのただみち》の長子基実《もとざね》を始祖とし、基実の子基通《もとみち》のときより近衛家を称した。五摂家筆頭である。足利義輝期の近衛家の当主は近衛稙家《たねいえ》である。稙家の妹慶寿院《けいじゅいん》が足利義晴《よしはる》の室、娘が義輝の室となった。慶寿院は義輝・義昭の母となり、近衛家は将軍家の外戚関係を構築した。近衛稙家の弟には一乗院覚誉《かくよ》、聖護院道増《どうぞう》、大覚寺門跡義俊《ぎしゅん》、久我《こが》家を継ぐ晴通《はるみち》がいる。また子には前嗣のほかに慈照寺陽山《ようざん》、聖護院道澄《どうちょう》、大覚寺義性《ぎしょう》（尊信《そんしん》）がいる。足利義晴、慶寿院との間の次男は稙家の猶子《ゆうし》（養子）となり興福寺一乗院に入り覚慶《かくけい》を名乗り、のちに門跡となる。一五代将軍足利義昭《よしあき》である。

図32　近衛家の人びと

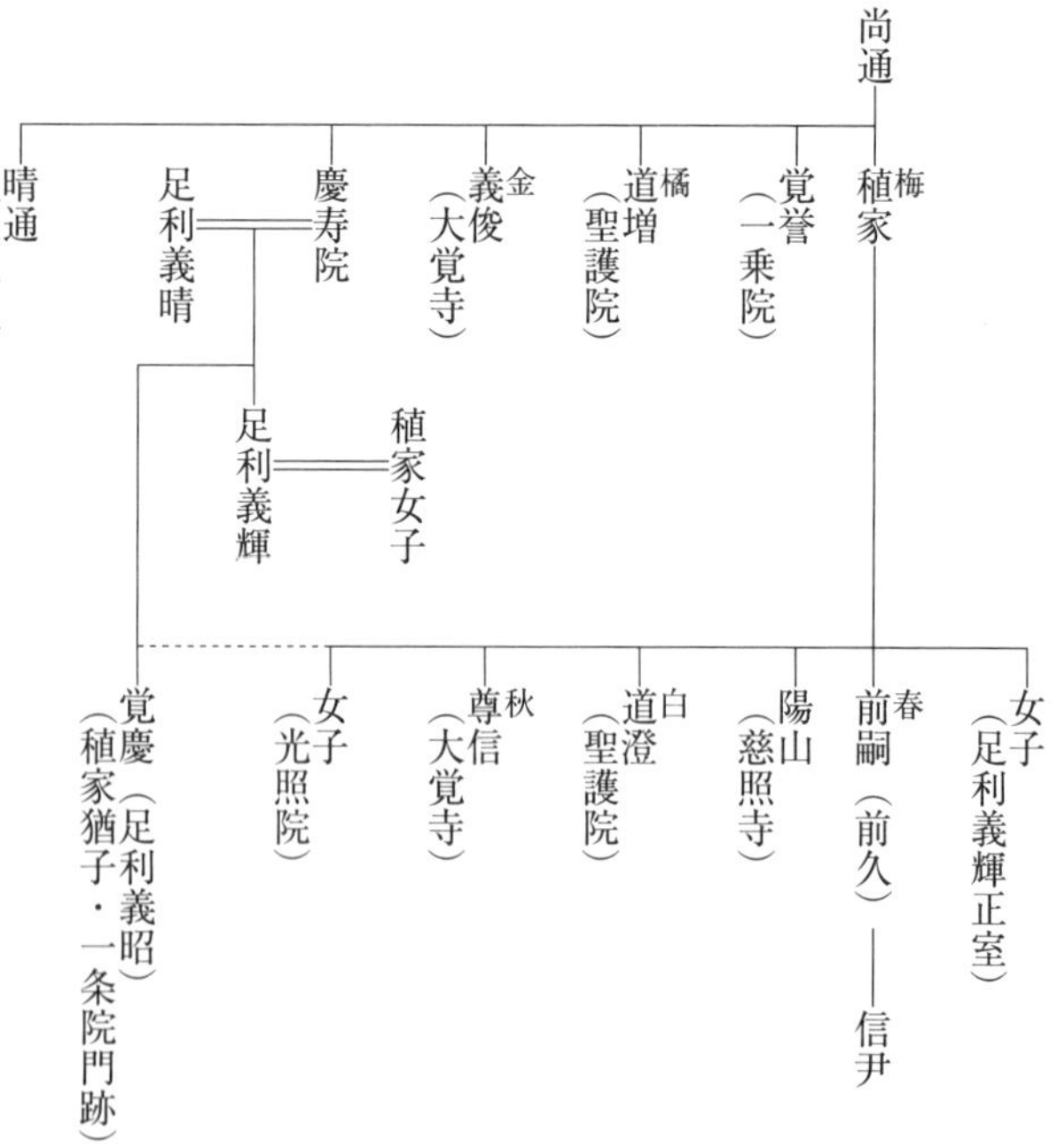

（※実名の右は連歌の一字名）

近衛稙家自身も永禄三年六月、将軍義輝の命で弟義俊とともに薩摩・大隅へ下向し紛争の調停にあたった。聖護院道増は永禄六年、やはり将軍の命を受けて安芸へ赴き、毛利・尼子両大名の調停をおこなった。また、「弘治三年信越国切和融」の御内書が聖護院道増により甲斐国次いで越後国へ伝達されたことはすでにみた（編年文書『戦武』六〇九）。聖護院道澄は永禄三年に兄前嗣とともに越後長尾氏のもとを訪れている。大覚寺義俊は永禄九年三月に景虎と後北条氏との和睦勧告の将軍使者として派遣されている（上杉家文書『上史』四九八）。

このようにみると近衛一族が将軍の側近公家衆として将軍による対大名への調停に関与していたことがうかがえる。一見突拍子もない前嗣の自由勝手な動きにみえる永禄三年の越後下向だが、近衛家全体の動きの中でみると必ずしもそうとはいえない。

永禄三年正月五日。この日は正親町天皇の即位式前日であった。この日、近衛稙家を中心に大覚寺において千句連歌会がおこなわれている。千句連歌会は百韻の連歌を合計一〇回おこなうものである。興行主は稙家の弟聖護院道増。発句者（各回最初の詠者）は近衛稙家、弟大覚寺義俊、子の義性・近衛前嗣・聖護院道澄。正親町天皇の即位式にあわせて挙行された。永禄三年の即位式は三好長慶と将軍義輝の和睦が成り新御所が近衛邸の隣接地に新造された直後におこなわれたものである。国文学研究者の中本大《なかもとだい》氏は、この連歌会が、将軍義輝の外戚近衛家にとって「一門の予祝」の催しであったとし、義輝自身がこの連歌会に参加した可能性すらあると指摘している（中本　二〇〇六）。

このように、戦国期の武家・公家社会では宮中だけでなく、幕政上の交渉の様相が文芸活動を介して知ることができる。近年は古文書・古記録といった中世史における基礎文献だけでなく、文芸史料を積極的に活用しようとする動きがみられる（川口　二〇一二）。周辺諸学問の成果を取り入れつつ中世社会を多面的に浮かび上がらせることが必要だろう。

なお連歌会は「内乱や戦争の激化した時期、法楽和歌の勧進は天皇・院・将軍家・守護・国人・公家・寺社を含む支配層内部の協調と統合を図るための社会的な統合システム」という側面も有し、その参加者は「政治的な判断や調整が必要とされた」とされ、きわめて政事に関わるものであった（井原　二〇〇六）。

将軍義輝期は、義輝と近衛家子弟とのミウチ関係を前提にして室町殿の支配が支えられていた（高鳥　二〇二二）。前嗣の関東下向という行動は決して前嗣個人のパーソナリティに帰結される問題ではなく、将軍義輝の外戚である近衛家の政事の一つとしてとらえるべきだろう。

善光寺の移座と信玄の徳政興行

いっぽうこの景虎の上洛を好機とばかりに、武田信玄（永禄二年二月頃に出家し改名。以下信玄とする）は奥郡への侵攻をすすめる。信玄は五月佐久郡松原神社（小海町）へ、九月には徳栄軒《とくえいけん》信玄と号して下之《しもの》郷《ごう》神社（生島足島《いくしまたるしま》神社　上田市）へ願文を奉納し、景虎の追北（敗北）・消滅を祈願した（松原神社文書『戦武』六六四、生島足島神社文書『同』六七〇）。とくに下之郷神社に対しては、「信玄が越軍の侵攻を待って防戦すべきかどうかという卜占をしたところ『九二の孚《まこと》は、喜び有るなり』」との託宣があった。信玄はこの天鑑に従って越軍と戦い存分の勝利をえるから、その暁には今後一〇年で銅銭一〇緡《さし》（一〇〇〇貫）を修復費用として寄進する、と述べている。信玄の願文が占筮《せんぜい》に基づいて出されていることがここでも確認できる。神意は我にある、と宣伝しているのだ。

永禄二年の信玄出家はどのような意味を持つのか。永禄年間は異常気象・疫病流行・飢饉が各地で進行し、戦争も頻発していた。東国の大名たちはこうした状況に頭を痛めていただろう。そのようななかで徳政《とくせい》が求められた。徳政は、天変地異などの異常現象が君主の「不徳」によるとみる考えから、その災害を除き、本来あるべき姿に戻すために、免税・大赦《たいしゃ》・施物《せもつ》などの特に目立った仁政、善政をおこなったのである。領主の代替《だいがわり》を契機に領国下で徳政がおこなわれるという社会規範があったことも知られる（笠松　一九八三）。この時期、北条氏康から氏政へ、今川義元は氏真へ家督を委譲し、これらが代替わり徳政の契機作りであったことがあきらかにされている。信玄の出家もこのような文脈で捉えられるとしたのが平山優氏の見解である（平山　二〇〇二）。

平山氏の観点を補足すれば、信濃善光寺の甲斐国移転は晴信による徳政を演出するものだったのではないか。甲斐善光寺は永禄二年二月甲府板垣で建立され、阿弥陀如来三尊

（前年九月に甲府に仮移座している）が入仏している（『王代記』『信史』一二、二二七）。信玄の出家がこの年の二月とされ、甲斐国における徳政演出としては最大のデモンストレーションとなったはずである。自分たちの領主が出家し、それと併せて生身の阿弥陀如来である善光寺如来を甲府へ遷座してきたとすれば、領民たちにとってこれほど鮮烈な徳政はない。

両属する信濃国衆

景虎は六月下旬に帰国の途につくが、近江《おうみ》国坂本宿（滋賀県大津市）で腫物に苦しみ長期療養を余儀なくされた。越後に帰国できたのは八月になってからである。

帰国した景虎に対して、一〇月二八日には家臣たちが関東管領への就任を賀した（上杉家文書『信史』一二、二六六）。景虎が信濃国衆の扱いについて「意見」を加えることが将軍から命じられたことに対して、信濃国の「大名衆」はこれを重く受け止め、続々と太刀を献上したのである（御太刀持参之衆）。なかには武田方に従属していた国衆も含まれている。彼らは高井・水内・埴科・更級・小県・佐久・安曇郡の武士で越後・上野、すなわち長尾景虎領国や旧関東管領上杉氏の領国（「上杉ベルト」）に接した境目の国衆で、かつて上杉領国として認識された地域と重なる。

境目の国衆は、武田家では、相手が敵勢力であっても通交を容認するという慣習があった（『甲州法度之次第《こうしゆうはっとのしだい》』）。戦国期にみえる「半手《はんで》」あるいは「半納《はんのう》」も両属を前提とする慣習である。隣接する複数の領主に対して、それぞれに諸役を半々に納めることをこういった。境目の地域でみずからの家が存続できるようおこなった戦略の一環であった。武田氏に従属した国衆たちも、景虎が幕府将軍から御内書を得、信濃国衆の始末について意見できるようになったことから、改めて春日山へ誼《よしみ》を通じたもので、両属の傾向の強い北信濃ならではの光景だった。前述のとおり北信濃の国衆は川中島の戦いにおいて、一族で甲・越それぞれの旗幟に属した例が多い。高井郡の須田氏は、信正《のぶまさ》は武田氏に従属し、大岩郷の須田満国《みつくに》は長尾氏に属した。葛山の落合氏、島津氏も同様である。井上氏も庶子綿内《わたうち》氏は武田氏に従属するが惣領家清政は景虎の先方として出陣した（上杉家御年譜『越佐』四、三四〇など）。一族全体を鳥瞰すれば、惣領家・庶子家それぞれを通じて両属していたとみてとれる。

永禄三年、景虎は越中へ出陣した。富山城神保長職《じんぼうながもと》は武田信玄に通じ挙兵、松倉城主椎名康胤《しいなやすたね》と抗争していた。景虎は出兵し長職を逃走させた。常陸国佐竹義昭《よしあき》は景虎に関東の情勢を伝えた。四月二八日、景虎はこれまで北信濃の対応に忙殺され関東に関われなかったと弁明し、当年は信州へ軍兵を動かす覚悟とも伝える（福王寺文書『上史』二〇五）。景虎は八月二五日、関東への出陣にあたり春日山留守衆に掟書を残した。このなかで信州への対応を懸念し、春日山番衆は絶えず物見を出して飯山城の高梨政頼と合力するように命じた（伊佐早文書『上史』二一一）。同月二九日府中を発ち、三国峠を越えて沼田口から上野国へ入り初めて関東に兵を進めた（越山《えつざん》《おつさん》）。明間（群馬県安中市）・岩下（吾妻町）・沼田城（沼田市）を攻略し後北条方の主たるもの数百人を討ち取った（『歴代古案』『上史』二一四）。景虎は厩橋城《まやばし》（前橋城　前橋市）に入り上杉憲政をここに奉じた。山内上杉旧臣を糾合するためである。この結果、東上野において景虎は優位に立つ。関白近衛前嗣は約束通り九月に越後へ下向し、厩橋城へ迎えられた。

信玄は九月、再び佐久郡松原神社へ願文を奉納した。信玄は、一〇日内で外様衆の籠る上倉城（飯山市）を自落退散させ、さらに越後軍に対して思う存分の勝利を得ることを祈願した（松原神社文書『戦武』七一二）。信玄は同盟者の北条氏康と申し合わせ、みずから出兵したため退くことは出来ないが、本願寺顕如《けんにょ》に要請し一向宗門徒が景虎の留守に乗じて越後国に侵攻するように依頼しているので、神保氏や上田藤左衛門もこれに応じて動くように報じた（仏厳寺文書『戦武』七一三）。

信玄が北条氏と歩調を合わせていたことは述べたが、改めて関東情勢を鳥瞰したい。

上杉政虎誕生

天文二一年（一五五二）四月、関東管領山内上杉憲政が上野国から越後へ逃れると、軍事的な支援が失われた古河公方足利晴氏《はるうじ》は、長男藤氏《ふじうじ》（母簗田晴助《やなだはるすけ》娘）ではなく、北条氏康の娘婿梅千代王丸を古河公方家の家督とすることを余儀なくされる。梅千代王丸は弘治元年に元服し義氏《よしうじ》となる。舅氏康は、自らを関東管領になぞらえ、義氏を補佐した。

永禄二年（一五五九）六月、将軍足利義輝は長尾景虎に対して、上杉憲政の進退について景虎が意見せよと命じ、これを大義名分として景虎は永禄三年に越山した。景虎の関東進出は、関東の地政学的な関係に変化をもたらした。永禄三年一〇月、関宿城にあった古河公方足利義氏は、関東の諸将に景虎の出兵に対して速やかな参陣を求めた。

景虎の勢いはこれを凌駕した。義氏は圧倒され、相模国小田原城の北条氏康のもとへ逃れた。替わって晴氏の長男藤氏が古河へ移座した。憲政は前嗣とともに古河へ入った。景虎は関宿城簗田晴助（藤氏の叔父）と同盟を結んだ。

永禄三年の景虎の関東出兵は、表向き上杉憲政の帰還・救援という側面があり、また実際には関東出兵により後北条氏の動きを牽制することとも関係している。弘治三年六月武田信玄の要請で後北条氏が上田筋まで出兵したが、上野・越後国境地域で武田氏と連動し景虎を攻撃する状況が背景にあったのである。

年が改まり翌永禄四年（一五六一）、景虎は関東の諸将に参陣を求め、三月小田原城攻めが決行された。小田原の城下は景虎により焼き払われた（上杉家文書『上史』二七八）。

難攻不落の小田原城であったが、景虎は城を落とそうとは考えていなかっただろう。あくまでも関東出兵による自身の存在感を、外には後北条氏のみならず関東諸将へ、内には家臣団へ示す示威行為であることに意味があった。景虎は閏三月、城の包囲を解き、鎌倉へ移った。同一六日、鶴岡八幡宮社殿で関東管領就任の報告と、憲政の養子となって山内上杉氏継承を報告した。ここに名を上杉政虎《まさとら》と改めたのである（政は憲政の偏諱）。政虎は簗田晴助の取り成しで憲政から上杉姓・関東管領職を継承したとし、また公方の家督については、晴助の推す人物、つまり「足利藤氏」で自分は異存ないと述べた（集古文書『上史』二七九）。

図33　閏３月４日「足利義輝御内書」（米沢市上杉博物館所蔵）

永禄四年閏三月「足利義輝御内書」をめぐって

政虎が小田原城攻城中のただ中、京都で一つの出来事が起こった。三月三〇日、将軍足利義輝と三好長慶との間で両者の和解を演出するデモンストレーションがおこなわれた。将軍が京都立売《たちうり》の三好邸に御成《おなり》したのである。当時、京都の政権実力者とはいえ、もとは管領細川氏の家臣という陪臣《ばいしん》格の三好家へ御成することは異例であった。御成行事自体は、式三《しきさん》献《こん》儀礼に始まって盛大におこなわれた。三好家と幕府枢要との献盃が繰り返され、宴の最後に将軍近臣の奉公衆に礼物が進上された。このとき前信濃守護小笠原長時、三男貞虎《さだとら》（のちの貞慶《さだよし》）らは三好家の居城芥川城に滞在していた（笠系大成『新叢書』一二、一五五）。

そして翌月閏三月四日、義輝の御内書が再度上杉政虎へ発せられた（上杉家文書『上史』一七〇）。これによれば、長時の帰国について奔走することが大事だ、とする。すでに信濃では忘れ去られているかのような存在である前守護長時。平瀬城陥落以降、義弟藤沢頼親《よりちか》とともに越後国へ赴き、長尾景虎に先んじて上洛し、三好家の庇護の下にあった。いっぽう越後国にはその後も長時の嫡子長隆《ながたか》が留まっており、小笠原氏と越後国とは一定の関係を保ち続けていた。前述したように、天文二二年、奉公衆小笠原稙盛《たねもり》が将軍の御内書発給の取次をおこなうことを長時に伝えていた。長時と三好家、京都小笠原氏、そして上杉氏とのそれぞれの接点を考えると、長時と通じる三好氏の手引きを経ながらこの時御内書が発給された可能性が高い（村石　二〇一三）。しかも閏三月には長時および貞虎が摂津本山寺別当に対し、信濃帰国を祈願する祈禱を依頼している（本山寺文書『戦三』参考六九）。貞虎は、「今度下国身上儀」とあり、小笠原氏のベース地となっていた越後へ下った可能性が高い（平山　二〇一一）。

また義輝の小笠原長時の帰国命令は、丸島和洋氏の述べるように、信玄の信濃守護職補任を白紙に戻し、長時の守護復位を意味する（丸島　二〇二一）。

吉川弘文館 新刊ご案内

〒113-0033 東京都文京区本郷7丁目2番8号
電　話 03-3813-9151(代表)
ＦＡＸ 03-3812-3544 ／振替 00100-5-244
(表示価格は 10%税込)

● 2024年1月

運慶・快慶・湛慶・院尊・隆円・善円・院誉…。 時代の祈りを造形化した仏師たち！

鎌倉時代仏師列伝

山本　勉・武笠　朗著

A5判・二八八頁・原色口絵四頁 二七五〇円

院派・円派・慶派などに分かれ、京都・奈良・鎌倉や地方の寺々に仏像を残した仏師たち三九名を収録。事績と作風の特徴を図版とともに解説する。優れた造仏の技量に加え、時代と社会のなかでの個性豊かな生き様に迫る。

史実に基づく正確な伝記シリーズ！

人物叢書

日本歴史学会編集
四六判

藤原広《ひろ》嗣《つぐ》

北　啓太著

(通巻322) 二八八頁／二四二〇円

藤原四兄弟のうち式家宇合の嫡男でありながら、突如大宰府に左遷。僧玄昉・吉備真備の排除を訴え挙兵するも敗死する。奈良時代最大規模の内乱の首謀者となった生涯に迫り、死後怨霊として伝承となった姿にも説き及ぶ。

成《じょう》尋《じん》

水口幹記著

(通巻320) 三〇〇頁／二四二〇円

平安時代中期の天台僧。六十歳で宿願の渡宋を実現。聖跡天台山・五臺山巡礼を果たす。現地での日常生活や皇帝との謁見、祈雨成功などを渡航記『参天台五臺山記』から読み解き、宋で生涯を終えた巡礼僧の実像に迫る。

三浦義村

高橋秀樹著

(通巻321) 三〇四頁／二四二〇円

鎌倉前期の有力御家人。幕府内の政争や実朝暗殺、承久の乱を北条氏と共に乗り切る。執権泰時と協調して新体制を支え、朝幕関係の要として朝廷や貴族からも頼りにされた。『吾妻鏡』などに史料批判を加え、実像に迫る。

豊かで多様な〈近世〉のすがた。
最新の研究成果から、その全体像をわかりやすく描く！

日本近世史を見通す 全7巻

各三〇八〇円
A5判・平均二二四頁
『内容案内』送呈

好評刊行中！

近世とはいかなる時代だったのか。多様で豊かな研究成果を、第一線で活躍する研究者が結集してその到達点を平易に描く。通史編・テーマ編に加え、各巻の編者による討論巻からなる充実の編成で、新たな近世史像へ誘う。

●新刊の4冊

2 伝統と改革の時代 近世中期

村 和明・吉村雅美編　二〇八頁

長く平和が保たれた時代に、列島はどのように変化したのか。将軍と側近による幕政の主導、通貨・物価問題、藩政改革、貿易体制・対外認識の変貌などに着目し、五代綱吉から田沼意次の時代までの政治と社会に迫る。

4 地域からみる近世社会

岩淵令治・志村 洋編　二一六頁

近世の村と町は、いかに形成され、変化したのか。都市の開発、労働力の奪い合い、在方町の行財政、多様な生業に支えられた人びとの生活、江戸の町を舞台とした諸身分の交錯など、地域社会と権力のあり方を解き明かす。

5 身分社会の生き方

多和田雅保・牧原成征編

二一六頁

現代とは異なる身分社会で人びとはどう生きたのか。領主と百姓の相克、武士と町人の交流、モノやカネの動き。芸を身につけ、債務に苦しみながら、様々な集団やつながりに依拠して懸命に生きた人びとの姿を描き出す。

6 宗教・思想・文化

上野大輔・小林准士編

二〇〇頁

江戸時代の多彩な文化は、人びとの生活や思想にいかに反映されたのか。寺社・学問・医療・旅・文芸・出版物などをめぐる新たな潮流を生み出し、受けいれた社会に光をあて、身分と地域を超えた人びとの営みを描く。

既刊

1 列島の平和と統合 近世前期

牧原成征
村 和明編

戦国乱世から太平の世へ、いかにして平和が実現され、列島が統合されたのか。国際交易とキリスト教政策、幕府と藩、武家と朝廷の関係、北方や琉球などを視野に収め、徳川四代家綱期までをグローバルな視点で描き出す。

二一二頁

続刊

3 体制危機の到来 近世後期

荒木裕行
小野 将編

7 近世史の課題 討論（仮題）

小野 将ほか編

推薦します

高埜利彦（学習院大学名誉教授）

松本幸四郎（歌舞伎俳優）

※敬称略、50音順

大名家はいかに時代の苦難を乗り越えて存続したのか！
「家」をキーワードに地域からの視点で近世日本を描く画期的シリーズ！

家からみる江戸大名 全7冊

A5判・平均二〇八頁／各二四二〇円
『内容案内』送呈

刊行中！

〈企画編集委員〉野口朋隆・兼平賢治

江戸時代の大名家とは家長（藩主）を頂点に、その永続を図る世代を超えた組織であり、家臣や奉公人をも包み込んだ社会集団だった。太平の世、藩主となった大名は、いかに「家」を築き領地を支配したのか。代表的な大名家を取り上げ、歴代藩主の個性と地域独自の文化・産業にも着目。「大名家」から豊かな江戸時代を描き出す。

●最新刊

伊達家 仙台藩

J・F・モリス著

御家騒動や飢饉など、度重なる困難に見舞われた仙台伊達家。一方、数々の試練は平和で近代的な社会システムの芽を育んだ。家臣や領民の「不服」の声を聴く統治、家を支えた脇役にも光を当て、仙台伊達家の近世を描く。

＊2刷 二一六頁

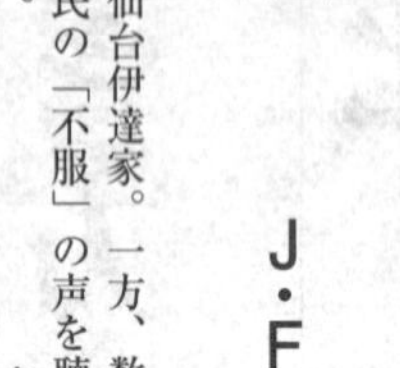

●既刊

徳川将軍家 総論編
野口朋隆著

家康以来、十五代二六〇年にわたり将軍を継いだ徳川家。列島の領主はいかに「家」内支配を行ったのか？ 二二四頁

南部家 盛岡藩
＊2刷 兼平賢治著

社会の変化の中で「家」のあり方を模索し続けた北奥の藩主。初代信直から廃藩置県までの二九〇年を描き出す。 二一六頁

前田家 加賀藩
宮下和幸著

利家を祖に「百万石」を領有した前田家。「外様の大藩」はいかにして「御家」を確立・維持したのか。 二一四頁

井伊家 彦根藩
野田浩子著

戦国期に武功をあげ「御家人の長」と謳われた井伊家。譜代筆頭として背負った使命とその変遷を描き出す。 二〇〇頁

毛利家 萩藩
根本みなみ著

幕末に倒幕の中心となった萩藩毛利家。関ヶ原の敗戦で領地を失いながら、徳川政権下をいかに生き抜いたのか。 二〇八頁

〈続刊〉
島津家 薩摩藩
佐藤宏之著

本シリーズの特色

❖地域支配の代表的存在であった「大名家」をキーワードに新たな江戸時代像の構築を目指す画期的シリーズ

❖徳川将軍家を総論巻とし、幕藩体制とその特質について概説。各巻で代表的な大名家・藩を取り上げ、「家」の組織経営の実態に迫り豊かな近世社会像を描く全巻構成

❖各大名家の研究を専門とする最適な執筆者が、地域を形づくった文化や産業にも注目しながら、時代の流れとともに各大名家をわかりやすく解説

❖中世からの連続面（庶家の分離独立・本分家の創出・系図・武家儀礼・先祖崇拝など）と、幕藩体制のなかでの新しい側面（殿中儀礼・御目見・参勤交代・留守居など）にも着目

❖学校・公共図書館、博物館、研究機関はもちろん、江戸時代の社会や地域の歴史を知りたい、学びたい方から、教員、郷土史研究家まで幅広くおすすめ

❖本文の理解を深める図版・系図などを多数掲載。大名家に因んだコラムも充実。巻末には藩主一覧・年表を付す

推薦します

門井慶喜（作家）

高野信治（九州大学名誉教授）

※敬称略50音順

平城京の役人たちと暮らし

小笠原好彦著

一〇数万に及ぶ人びとが暮らした平城京。役人を養成する大学や後宮に勤める女性官人、勤務評価や休暇の実態はいかなるものだったのか。税金や流通、治安、祭祀、疫病流行などから、都の日常をいきいきと再現する。

四六判・二三二頁／二五三〇円

武士の衣服から歴史を読む

古代・中世の武家服制

佐多芳彦著

平安末期に登場した武士が身につけた「袖細《そでぼそ》」は、武家の世になると彼らのトレードマーク「直垂《ひたたれ》」へと進化する。武士たちは直垂をどのように着こなし、服装の制度を定めたのか。有識故実と絵画史料を駆使して実態に迫る。

A５判・一九二頁／二四二〇円

待望の新装復刊

木下　良監修
武部健一著

完全踏査　古代の道

畿内・東海道・東山道・北陸道〈新装版〉

都から本州と四国・九州に達する壮大なネットワークであった古代の道。道路技術者の著者が、高速道路ルートとの類似性に注目し、全駅路を走破。その変遷や駅家の位置など、古代道路の全貌を解明した名著。

四六判・二六八頁／二六四〇円

完全踏査　続古代の道

山陰道・山陽道・南海道・西海道〈新装版〉

道幅一二メートル、全長六三〇〇キロに及ぶ古代官道〈七道駅路〉。全国約四〇〇の駅家は、迅速に都との交通や通信の連絡に当たった。前著に続き、西国四道を走破。古代道路全線の駅路と駅家を網羅した完結編。

四六判・三〇四頁／二六四〇円

古城ファン必備！

九州の名城を歩く

好評のシリーズ待望の九州編

全4冊完結

群雄が割拠した往時を偲ばせる空堀や土塁、曲輪《くるわ》が訪れる者を魅了する。九州七県から名城二六〇を選び、豊富な図版を交えて平易に紹介。詳細かつ正確な解説とデータは城探訪に最適。最新の発掘調査成果に文献による裏付けを加えた、シリーズ九州編。

佐賀・長崎編【最新刊】

岡寺 良・渕ノ上隆介・林 隆広編

佐賀城・名護屋城・原城・長崎奉行所…。各県から精選した名城六七を紹介。本文二八四頁

福岡編

岡寺 良編

小倉城・福岡城・久留米城・柳川城…。名城六一を紹介。本文二七二頁

熊本・大分編

岡寺 良・中山 圭・浦井直幸編

熊本城・田中城・中津城・大友氏館…。名城六七を紹介。本文二八四頁

宮崎・鹿児島編

岡寺 良・竹中克繁・吉本明弘編

飫肥城・都於郡城・鹿児島城・知覧城…。名城六四を紹介。本文三〇四頁

A5判 原色口絵各四頁 各二七五〇円 『内容案内』送呈

日記と歴史百科が一冊で便利！

歴史手帳 2024年版

吉川弘文館編集部編

A6判・三三六頁／一三二〇円

毎年歴史家をはじめ、教師・ジャーナリスト・作家・学生・歴史愛好者など、多数の方々にご愛用いただいております。

歴史文化ライブラリー

●23年9月～12月発売の8冊

四六判・平均二二〇頁　全冊書き下ろし

人類誕生から現代まで／忘れられた歴史の発掘／常識への挑戦／学問の成果を誰にもわかりやすく／ハンディな造本と読みやすい活字／個性あふれる装幀

577 古墳を築く

一瀬和夫著

弥生時代にはじまる墳丘をもつ墓は、前方後円墳など巨大古墳を経て群集墓や横穴式石室の出現にいたる。墳丘形態の変化から、文化の浸透や集団のネットワークなどを解明し、巨大な古墳がいかに築造されたのかを問う。

二六八頁／一九八〇円

578 源氏物語を楽しむための王朝貴族入門

繁田信一著

『源氏物語』で光源氏や頭中将らが活躍する宮廷は、史実と異なる設定で描かれているが、実際の王朝社会とはどう違ったのか。貴族たちの日常生活や仕事をわかりやすく解説。『源氏物語』がよりいっそう楽しめる一冊。

〈2刷〉二四〇頁／一八七〇円

579 戦死者たちの源平合戦 生への執着、死者への祈り

田辺　旬著

多くの犠牲者が出た源平合戦。武士は戦死とどう向き合い、いかに語り継いだのか。戦功の認定基準や、討たれた首の取り扱い、大路渡をめぐる葛藤、鎌倉幕府による顕彰や鎮魂に着目し、敵も弔った心性を読み解く。

一九二頁／一八七〇円

580 スポーツの日本史 遊戯・芸能・武術

谷釜尋徳著

日本スポーツのルーツ、相撲・蹴鞠・打毬。海外渡来の文化に改良を加え、日本独特の文化を生み出してきた歴史を、社会情勢や産業の発達とも絡めて考察。羽つき・踊り念仏も取り上げ、近代スポーツの到来までを見通す。

二二四頁／一八七〇円

581 着物になった〈戦争〉 時代が求めた戦争柄

乾 淑子著

日清戦争から太平洋戦争開戦まで盛んに作られた戦争柄着物。吉祥とされた意匠から当時の社会的背景や時代性を読み解く。戦争の断片を伝えることで真実を覆い隠した姿を解明し、近代史・美術史の中に位置付ける。

二七二頁／一九八〇円

582 温泉旅行の近現代

高柳友彦著

温泉旅行は、どのように今日のような身近なレジャーとして定着してきたか。旅行形態や費用感、交通・情報インフラなどの変遷を追い、そのなかでの温泉地の対応にも言及。江戸から現代までの温泉旅行を通史的に描く。

二三六頁／一八七〇円

583 おみくじの歴史 神仏のお告げはなぜ詩歌なのか

平野多恵著

おみくじはいつから存在し、誰がつくり、なぜ和歌や漢詩が書いてあるのか。謎の多いルーツを辿り、日本の社寺の風俗として定着した魅力に迫る。歴史を知り神仏のお告げと向き合い解釈すれば、おみくじはもっと面白い。

〈2刷〉二八八頁／二〇九〇円

584 戦国期小田原城の正体 「難攻不落」と呼ばれる理由

佐々木健策著

天下人豊臣秀吉に抗った戦国大名北条氏の本城小田原城。発掘調査成果と文献史料・絵画史料を駆使し、小田原の城と城下の景観にアプローチ。敗れながらも小田原城が「難攻不落」と称されるのは何故か、その真相に迫る。

二四八頁／一九八〇円

【好評重版】

574 武田一族の中世　西川広平著　三三六頁／二二〇〇円

575 賃金の日本史 仕事と暮らしの一五〇〇年　高島正憲著　三一二頁／二二〇〇円

歴史文化ライブラリー
電子書籍・オンデマンド版 発売中

書目の一部は、電子書籍、オンデマンド版もございます。詳しくは『出版図書目録』、または小社ホームページをご覧下さい。

読みなおす日本史

毎月１冊ずつ刊行中　四六判

道と駅

木下　良著

一七六頁／二四二〇円（解説＝中村太一）

古代日本で中央と地方を結ぶために整備された道と、早馬の中継地として設置された駅。交通制度の変化や道路網の発達により、その役割はどのように変化してきたのか。現代まで続く道と駅の歴史をわかりやすく描く通史。

親鸞

笠原一男著

煩悩具足のほとけ

二五六頁／二四二〇円（解説＝菅原昭英）

鎌倉時代、阿弥陀仏への信心のもと、念仏一つで個人も社会もすべてが救われると説いた親鸞。激動の世でいかに行動し、どう思索して生きたのか。当時の社会を背景に、煩悩に苦しむ人びとへ全生涯をささげた姿を描く。

道元

今枝愛真著

坐禅ひとすじの沙門

二二四頁／二四二〇円（解説＝中尾良信）

ひたすら坐禅に徹することで煩悩や欲望を取り除き、悟りを得ることができると説いた道元。社会も宗教も混沌とした鎌倉時代において、いかに自らの道を切り開いたのか。『正法眼蔵』から思索と人間像を浮き彫りにする。

江戸庶民の四季

西山松之助著

二〇八頁／二四二〇円（解説＝熊倉功夫）

平和が長く続いた江戸時代、庶民はどのように暮らしていたのか。絵画資料を交えながら当時の生活文化を追体験。年中行事や信仰生活、花見や祭りを楽しむ姿を、文人歴史家が分かりやすい語り口で生き生きと描き出す。

渤海《ぼっかい》と日本

酒寄雅志著

Ａ５判・二六八頁　四一八〇円

唐を基軸とした古代東アジアの国際秩序の中で、なぜ渤海と日本の友好関係はつづいたのか。王位継承や統治機構の実態、交通路の開拓を多角的な視点で解明。戦争に翻弄された研究史にも着目し、わかりやすく解説する。

倭国の政治体制と対外関係

森　公章著

Ａ５判・三三六頁／一〇四五〇円

乙巳《いっし》の変の後、中心人物であった中大兄皇子と中臣鎌足はいかなる動向を見せるのか。既存の文献と出土文字資料を総合し、諸制度の運用や地方支配の状況、激動する東アジア情勢への介入など、倭国内外の実態を詳解する。

飛鳥・藤原京と古代国家形成

相原嘉之著

Ａ５判・四〇四頁／一一〇〇〇円

わが国における古代国家の始まりはいつなのか。王宮・王都のみならず、王宮関連遺跡、古代寺院、古墳墓の構造変化を読み解き、考古学の成果から「日本国誕生」の過程を解明。前著『古代飛鳥の都市構造』に続く論集。

唐法典と日本律令制 （日本史学研究叢書）

坂上康俊著

Ａ５判・四九六頁／一一〇〇〇円

唐の律令格式の伝来や日本での編纂過程を、『令集解』や敦煌文書などに基づき解明。さらに日唐間の情報伝播や日本社会と法との関わりを考察する。古代日本における法典編纂の展開と律令国家の成立過程を見通す必備の書。

明治の地方ビール 全国醸造所・銘柄総覧

牛米　努著

近代を迎えた日本には、地方ビールの時代があった。黎明期から終焉にいたる歴史を平易に解説。史料を博捜して東京および全国各地の醸造所や銘柄など、詳細な情報を紹介する。明治の地方ビールが蘇るユニークな書。

Ａ５判・二七二頁／四一八〇円

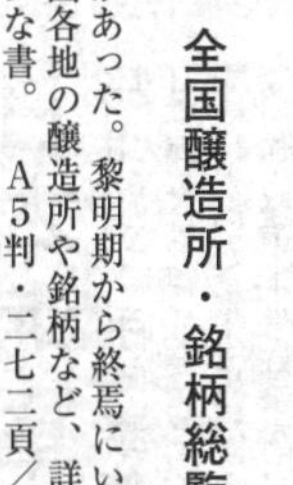

平安時代の日本外交と東アジア

篠崎敦史著

Ａ５判・三二八頁／一一〇〇〇円

十～十二世紀の日本と東アジア諸国との国際関係を考察。渤海・高麗との交流や、渡海巡礼僧の動向からみた宋との関係などを追究。日本朝廷の〝外交〟と背後の国際的環境に新たな視座を確立し、中世以降への展望を示す。

日本中世の地方社会と仏教寺院

黄　霄龍著

Ａ５判・二六六頁／九三五〇円

多様な信仰と宗派が密集し競合した北陸の仏教寺院を通して、中世の地方社会の特質を検討。中央権力の影響を受ける一方、自律性を見せた面にも着目。中世地域社会論や仏教史、国外との比較研究にも新たな視座を提示する。

中国を目指すザビエル 上川島での活動と崇敬の端緒

岸野　久著

Ａ５判・二七八頁／九九〇〇円

日本布教ののち、ザビエルは中国開教を目指した。その試みについて、発端から上川島《サンチョアン》で急死により終了に至る経過と周囲の環境、あわせてザビエルの最期の状況を解明。巻末史料に中国人アントニオ書翰二種の全訳を掲載。

中近世の資源と災害

西川広平著　A5判・三六八頁／九九〇〇円

中近世移行期の日本列島の山野は、豊富な資源をもたらす一方、地震・水害が頻発した。甲斐国の事例を中心に、資源の調達や自然災害への対応を追究。災害史料の成立過程にも着目し、自然環境と人間との関係を再考する。

徳川のまつりごと　中世百姓の信仰的到達

斎藤夏来著　A5判・三二〇頁／一一〇〇〇円

宗教がもつ影響力の本質はどこにあるのか。中世以来の人々が営んできた信仰のあり方と、徳川氏を権力として戴く近世社会との関係を読み解く。救いと導きを願う人々の自然な欲求に着目し、宗教史の再解釈に挑む。

近世の気象災害と危機対応　凶作・飢饉・地域社会

菊池勇夫著　A5判・三三四頁／一一〇〇〇円

気候変動により、寒冷期には激しい凶作・飢饉に襲われた近世社会。温暖期を含め人々は気象災害といかに格闘し、飢えの教訓から後世に何を伝えたのか。地域の多様な記録史料を紐解き、飢饉史研究に新しい視座を示す。

近世公家社会と学問

佐竹朋子著　A5判・四一二頁／一二一〇〇円

江戸幕府の統制下、先例や伝統を重視する因習的世界に沈滞していた公家は、幕末になぜ浮上しえたのか。儒学や有職研究などの学問を通じて公家が自己形成を実現させ、新しい政治主体を形成させていく過程を解明する。

日本海軍と近代社会

兒玉州平・手嶋泰伸編　A5判・三一八頁／一一〇〇〇円

日本海軍は近代社会にどのような影響を与え、その社会からいかなる影響を受けたのか。軍事史に限らない多様な専門領域を持つ研究者が結集。国際関係・政治・軍事・経済などから、海軍と社会との双方的な関係を解明する。

日本考古学　57

日本考古学協会編集――A4判・一〇〇頁／四四〇〇円

日本考古学年報　75（2022年度版）

日本考古学協会編集――A4判・二四〇頁／四四〇〇円

正倉院文書研究　18

正倉院文書研究会編集――B5判・一一〇頁／四九五〇円

鎌倉遺文研究　第52号

鎌倉遺文研究会編集――A5判・九〇頁／二二〇〇円

戦国史研究　第86号

戦国史研究会編集――A5判・五八頁／七五〇円

交通史研究　第103号

交通史学会編集――A5判・九二頁／二七五〇円

日華文化交流史（新装版）

木宮泰彦著

A5判／二四二〇〇円　『内容案内』送呈

古代から近世にいたる日中交流を系統的かつ概括的に描いた大著。遣隋使・遣唐使、往来した僧侶や船舶の一覧表、通交年表などを収載し、基礎資料として必備。日中関係史研究の先駆的存在といえる名著、待望の新装復刊。

九三二頁・口絵二六頁・折込一丁

『日本の梵鐘』『日本古鐘銘集成』に続く梵鐘研究の名著を新装復刊！

〈三部作完結〉　『内容案内』送呈

朝鮮鐘（新装版）

坪井良平著

梵鐘のなかでも特に優美な形と華麗な装飾を誇る朝鮮鐘。和鐘に比べて僅少なこの梵鐘の装飾や銘文、法量などのデータを、豊富な図版とともに解説した名著を、補論を付して新装復刊。

B5判・三一八頁・口絵一六四頁／二七五〇〇円

【既刊2冊】

日本の梵鐘（新装版）

B5判・五五二頁・口絵八頁／二七五〇〇円

日本古鐘銘集成（新装版）

B5判・六六四頁・口絵八頁／三三〇〇〇円

源氏・北条氏から鎌倉府・上杉氏をへて、小田原北条氏とつながる四〇〇年。対立軸で読みとく注目のシリーズ！

対決の東国史　全7巻 刊行中

四六判・平均二〇〇頁／各二二〇〇円　『内容案内』送呈

●既刊の6冊　＊2刷

①**源頼朝と木曾義仲**　長村祥知著
鎌倉に居続けた頼朝、上洛した義仲。両者の行く末を分けた選択とは？

②**北条氏と三浦氏**＊　高橋秀樹著
武士団としての存在形態に留意し、両氏の役割と関係に新見解を提示する。

③**足利氏と新田氏**＊　田中大喜著
鎌倉期の両者には圧倒的な力の差がありながら、なぜ対決に至ったのか。

④**鎌倉公方と関東管領**　植田真平著
君臣の間柄から〈対決〉へ。相克と再生の関東一〇〇年史。

⑤**山内上杉氏と扇谷上杉氏**　木下　聡著
二つの上杉氏―約一〇〇年にわたる協調と敵対のループ。

⑦**小田原北条氏と越後上杉氏**＊　簗瀬大輔著
五つの対立軸から探り、関東平野の覇権争いを描く。

〈続刊〉⑥**古河公方と小田原北条氏**……………石橋一展著

人物叢書

日本歴史学会編集　四六判

紫式部

今井源衛著　二三一〇円

王朝ロマンの最高峰『源氏物語』作者の全生涯を、その社会的・政治的背景の上に鮮やかに描き出す。

藤原道長

山中　裕著　二〇九〇円

一条天皇

倉本一宏著　二三〇〇円

藤原彰子

服藤早苗著　二四二〇円

清少納言

岸上慎二著　二〇九〇円

人をあるく　紫式部と平安の都

倉本一宏著　A5判・一五〇頁／二二〇〇円

千年の時を超え、世界最高の文学と称えられる『源氏物語』。不遇な学者の女から中宮彰子への出仕に至った作者・紫式部の生涯を追い、物語執筆の謎に迫る。平安京や須磨・明石、宇治を訪ね、物語の舞台に想いを馳せる。

光源氏に迫る　源氏物語の歴史と文化

宇治市源氏物語ミュージアム編　A5判・二〇八頁／二四二〇円

時を越え、世界中で読まれ続ける『源氏物語』。主人公をキーワードに、歴史・文学・美術など多様な切り口からアプローチ。その生涯や恋愛模様のほか、紫式部の生きた時代に迫り、物語の舞台になった平安王朝へ誘う。

牛車《ぎっしゃ》で行こう！　平安貴族と乗り物文化

京樂真帆子著　A5判・一七六頁／二〇九〇円

平安貴族が用いた牛車とは、どんな乗り物だったのか。乗り降りの作法、車種の違い、動力＝牛の性能、乗車マナーなど、失われた日常生活を豊富な図版とともに生き生きと再現。牛車を余すところなく語った注目の書。

『小右記』と王朝時代

倉本一宏・加藤友康・小倉慈司編　A5判／四一八〇円

摂関期の政務・儀式を子細に記した『小右記』。その成立と後世の来歴、実資の事績と人間関係を探り、政務運営や貴族の交際など社会の諸側面を考察。『小右記』と実資の新たな評価を見いだす。二四〇頁

摂関政治最盛期の「賢人右府」藤原実資《さねすけ》が綴った日記が現代語訳で甦る　『内容案内』送呈

現代語訳　小右記　全16巻

倉本一宏編　四六判・平均三三八頁

❶三代の蔵人頭❷道長政権の成立❸長徳の変❹敦成親王誕生❺紫式部との交流❻三条天皇の信任❼後一条天皇即位❽摂政頼通❾「この世をば」❿大臣闕員騒動⓫右大臣就任⓬法成寺の興隆⓭道長女の不幸⓮千古の婚儀頓挫⓯道長薨去⓰部類記作成開始

各巻三〇八〇円～三五二〇円　全巻セット五一九二〇円

●近刊

ドナウの考古学 ネアンデルタール・ケルト・ローマ（歴史文化ライブラリー589）
小野 昭著 四六判／一九八〇円

弥生人はどこから来たのか 最新科学が解明する先史日本（歴史文化ライブラリー587）
藤尾慎一郎著 四六判／一八七〇円

古代王権と東アジア世界
仁藤敦史著 A5判／一一〇〇〇円

雪と暮らす古代の人々（歴史文化ライブラリー585）
相澤 央著 四六判／一八七〇円

世界遺産 宗像・沖ノ島 みえてきた「神宿る島」の実像
佐藤 信・溝口孝司編 四六判／二六四〇円

「国風文化」の時代（読みなおす日本史）
木村茂光著 四六判／二七五〇円

荘園制的領域支配と中世村落
朝比奈 新著 A5判／一三二〇〇円

検証 川中島の戦い（歴史文化ライブラリー588）
村石正行著 四六判／一八七〇円

高台院（人物叢書323）
福田千鶴著 四六判／二五三〇円

徳川幕閣 武功派と官僚派の抗争（読みなおす日本史）
藤野 保著 四六判／二四二〇円

近世山村地域史の展開
佐藤孝之著 A5判／九九〇〇円

近世領国社会形成史論
稲葉継陽著 A5判／一二一〇〇円

吉田松陰の生涯 猪突猛進の三〇年（歴史文化ライブラリー586）
米原 謙著 四六判／二二〇〇円

夜更かしの社会史 安眠と不眠の日本近現代
近森高明・右田裕規編 A5判／四一八〇円

日中和平工作 1937―1941
戸部良一著 四六判／二九七〇円

戦後日本の防衛と政治〈増補新版〉
佐道明広著 A5判／九九〇〇円

政虎の帰国と信玄の出兵

関東管領を継承した政虎は由井筋（八王子市）に後北条氏を攻めた。長期化した関東滞在により政虎は体調を崩した。政虎は上州へ湯治に出た。そして四月一六日、沼田顕泰《あきやす》あてに、近日中に出湯すると述べた（謙信公御書集『上史』二七三）。この動きは武田方にも察知されていた。四月一三日、信玄は小山田信有《のぶあり》らに対し、上州の国衆が倉賀野周辺に在陣しているが草津で湯治している政虎の警護なのだろうか、不慮の交戦があるかもしれない、その場合は早飛脚を出すから参陣せよ、と伝えた（楓軒文書纂『戦武』七三五・六）。政虎の容体は近衛前嗣も気にしている。前嗣は「腹中いかが候や、これのみ案じ申し候」、「御油断なく御養生肝要にて候」（上杉家文書『上史』二七七、本文は仮名を適宜漢字に改めた）と政虎を気遣った。

関東での戦局は一定の成果があった。六月二日、その成功を義輝から祝された（上杉家文書『上史』二七六）。反面、政虎に味方した関東の諸将は、政虎が帰国すれば管領が不在になると不安視した。政虎は、国元の蔵田五郎左衛門尉に対し、政虎の身代わりとして「新造」を越後から寄越すこととした、自分だけ帰ってしまったらそのまま越後に留まって戻ってこないと思われてしまう、だから身代わりに早く「新造」を送って欲しい、と述べた。また、関東の国衆が帰国を嘆くので見過ごすことはできない、と苦悩する（保阪潤治氏所蔵文書『上史』二七五）。ここでいう「新造」とは武家の妻女のことである（今福二〇一八）。「御新造」ではなく「新造」と呼び捨てていることや、政虎の身代わりになるべき女性であることから、政虎にとってごく近しい親族女性といえる。

政虎は新造と「番手」交代となり、六月二八日に憲政らとともに慌ただしく春日山城へ帰城した。政虎が急遽帰国したのは、北信濃で信玄の動きが活発となっていたためである。信玄はというと、水内郡鰐ヶ嶽城《わにがたけ》（割ヶ嶽城《わりがたけ》、信濃町）を攻略し大森掃部助《かもんのすけ》に甲斐国万力郷（山梨市）二五〇貫文を加恩として与えた（町田清次郎氏所蔵文書『信史』一二、三五七）。この文書自身は写であるため検討の余地があるが、「甲州安見記」（恵林寺蔵）には五月の鰐ヶ嶽攻城での戦死者交名が記される（『信史』一二、三五八）。したがってこの城をめぐる合戦はあっただろう。さらに、前年以来懸案となっていた上倉城（飯山市）を信玄はようやく攻め落とすことができた。七月一六・一七日、信玄はこの機に乗じて春日山へ出兵するため、加賀・越中の一向宗門徒を煽動し、越後国へ乱入させようとした（加藤家旧蔵文書『戦武』七四六）。

いよいよ春日山城への武田軍侵攻が現実味を帯びる。政虎は関東どころではなくなった。

一向宗と武田・後北条氏

これまでみてきたように、信玄が本願寺と連携し、一向宗の門徒を利用しようとしたのはなぜだろうか。なお一向宗とは他宗からつけられた浄土真宗の別称だ。開祖親鸞《しんらん》は、師である源空《げんくう》（法然《ほうねん》）の衣鉢を継ぐ者として、そもそも浄土真宗を名乗ろうとした。その意味でこの宗派は浄土宗の一派であった。なおこの教団が正式に浄土真宗を名乗れるようになるのは明治時代以降である。

信玄はしばしば一向宗と連携し、越後へ侵攻させようとした。本願寺との連携は、信玄の妻三条の方の妹が本願寺顕如の妻となっていたからとする説が通説であった。しかし近年これに疑義が呈され、三条の方と顕如妻如春《にょしゅん》尼《に》には直接的な関係はなかったとする説も出されている（浜口　二〇二三）。そこで、別の視点で関東の一向宗の動きを鳥瞰しながら、武田氏と本願寺教団との関係をみてみよう。

永禄九年、後北条氏の庇護にあった足利義氏が、加賀本誓寺（石川県白山市）に対し、上杉政虎（この時点では輝虎）のいる越後国で騒乱を煽動するように、と依頼した（本誓寺文書『戦古』八九七）。その使節として双方を往来したのが磯部勝願寺である。磯部勝願寺は下総国辛島郡磯部（茨城県古河市）にあった一向宗寺院である。これまで古河公方と山科本願寺との間の使者を務めていた。

勝願寺は、親鸞の高弟善性《ぜんしょう》（高井郡井上氏出身という）が開いたという（勝願寺由緒書、東京大学史料編纂所写本）。由緒によれば信濃へ移った善性が長沼に浄興寺を開き、弟子明性《みょうしょう》が磯部勝願寺を開いたとされる。上野国と接する高井郡南部および水内郡には、室町時代以降勝願寺門下の有力寺院が成立する。西窪勝善寺（水内郡）・大岩普願寺（高井郡）・長沼西厳寺（水内郡）・中俣勝善寺（水内郡）・平出願生寺（水内郡）・笠原本誓寺（高井郡）の六寺（磯部六ヶ寺）である（大場　一九八八）。北信濃ではこの磯部六ヶ寺は一向宗寺院の一大教線として勢力を有した。

時代は下るが永禄一一年（一五六八）二月、足利義氏は古河と太田間の荷を運ぶため馬五疋と人夫五人を無事通行させることを勝願寺に命じた過書《かしょ》（過所　通行手形）を出した（勝願寺文書『戦古』九一二）。『茨城県史料』では、この太田は太田荘長沼（長野市）を指すとし、阿部能久《あべよしひさ》氏は、勝願寺を介して磯部六ヶ寺との間に通交・連絡が存在していたという傍証とした（阿部　二〇〇六）。この点は、翌三月、信玄が越後への出馬のため戦勝祈願を命ずる文書を長沼に出し、書面を甲斐国諸寺院に回覧させている（慈眼寺文書『戦武』一二四五）こととと関係してくる。つまり、このあと信玄は正月二一日付の越後・会津国境の小田切治部少輔に対して、相甲相談のうえ、と記し四月には越後へと兵を進めようとした（新潟県立歴史博物館所蔵文書『戦武』一二三二）。古河公方・後北条氏が長沼へ馬・人夫を送り届けるための過書を出していたのはこうした文脈と一致する（ただし甲相駿間の同盟は、この年一二月信玄が駿河へ出兵したことで破綻し、信玄は北条氏康と一旦断交した）。

このような武田氏の一向宗煽動に対して、政虎はその対策に追われている。その最たるものが朝倉氏との連携であろう。すでに第一次川中島合戦直前の天文二一年には、越前国朝倉氏へ誼を通じ、一向一揆が治める国・加賀を挟み撃ちにしたいと申し入れた（水藤一九八二）。一向一揆に悩まされている朝倉氏との利害関係から双方は関係を深めたのである。朝倉宗滴《あさくらそうてき》は弘治元年七月に加賀一向一揆を討つため加賀へ出陣した。これが景虎と気脈を通じたものであることは、宗滴が飛騨国三木良頼に対し、「長尾方が信州に出陣するので陣僧を遣す」ので、越中境目まで路次番《ろじばん》（道中の警固）を依頼していることからもうかがえる。第二次川中島合戦で景虎が出兵した折のことである（禅昌寺明叔録『加能』一一三）。

このように、武田氏と一向宗との関係だけでなく、古河公方と一向宗、さらに越前国朝倉氏との関係も視野に入れることで、川中島の戦いを広い視点でみることができるだろう。

永禄四年の大会戦へ

政虎は川中島への出陣体制を調えた。八月二九日、長尾政景に対して、自分の留守中春日山城を守備するよう依頼し信州へ出兵した。その上で、会津の蘆名盛氏《もりうじ》、羽前の大宝寺義増《だいほうじよします》の援軍を西浜・能生・名立に陣を取らせること、越中への出陣の際は蔵田五郎左衛門尉に兵を集めさせ政景が率いることなどを命じ、越中の一向宗への対策も取った（上杉家文書『上史』二八〇）。

かくして永禄四年の川中島の会戦に至る。川中島の戦いの代名詞、政虎と信玄の一騎打ちの場面。残念ながら人口に膾炙したこの戦いの経過については、同時代の一次史料に記述はない。戦いの数日後に双方大名から出された感状が残されているのみである。また戦いのあと、厩橋城にいた近衛前久《さきひさ》（前嗣を改名）が政虎に対して送った書状が知られ、「今度信州表において、信玄に対し一戦を遂げ、大利を得られ、八千余討ち捕られ候事、珍重の大慶候、珍からざる義候といへども、自身太刀打に及ばらる段、比類なき次第、天下の名誉候」と記した（太田作平氏所蔵文書『上史』二九〇）。政虎が信玄と一戦を遂げ勝利を得たこと、八〇〇〇人を討ち取ったこと、さらに政虎みずから太刀打ちに及んだのは、例のないことで天下の名誉である、と前久は絶賛する。この記事をもとに、政虎が信玄と一騎打ちをおこなったとする向きもあるが、文面には政虎の相手が信玄であったとは書かれていない。政虎の太刀打ち自体も「珍しからざる義」、すなわち政虎にとってはよくある話だったりする、と前久は評している。

小林計一郎氏は武田・上杉両軍の戦力を軍役状をもとに割り出した（小林　一九六二）。まず上杉氏は天正三年の軍役状から騎馬・歩兵併せて六八〇〇余り、旗本を含めて常備兵八〇〇〇と推定する。また武田氏は『甲陽軍鑑』から九一〇〇余りとする。ここには駆り出される農民（地下人《じげじん》）は含まれていないが総動員数は一万数千程であったのではないだろうか。平地での激突であったことから戦死者数が甚大であったことは想像できる。しかしあまりにも過大で、政虎からもたらされた情報は誇張されたものでは、と勘ぐりたくもなる。

甲斐国の『勝山記』には次のようにある（『新叢書』八、二七）。

此年の十月十日に晴信公景虎と合戦成され候て、景虎ことごとく人数打死いたさせ申候、甲州は晴信御舎弟典厩《てんきゅう》の打死にて御座候、就中郡内弥三郎殿は御立無く候て、人衆計り立候へ共、よこいれ（横入）を成され候て入くつし近国へ名を上け申され候

信玄が景虎の軍勢を悉く討ち取ったと記されておりこれも信玄側の勝利を喧伝した情報を記しているとみられる。また合戦の翌一〇月晦日、京都成就院に宛てた書状では、一戦

を遂げ勝利を得たこと、ことに三〇〇〇余人を討ち捕ったと伝えている（温泉寺文書『戦武』七五九）。武田・上杉双方ともに情報を大きくして発信しているのは、裏を返せば、本国や味方する衆に自身の敗北を気取られないよう、情報操作をおこなったのであろう。

永禄四年九月の千句連歌と近衛家

近衛家が将軍外戚として各地の大名間への使者を勤めていたことは先に指摘したところである。永禄四年九月時点で近衛家当主関白前久は関東に在陣中であった。

京都では九月一〇日前後から百韻《ひやくいん》連歌が挙行された。連歌は、複数の作者が和歌の上の句五・七・五、下の句七・七を交互に詠んでいく文芸で、室町時代から戦国時代にかけて全盛期を迎えた。百韻は連歌百句を四枚の折紙にしるしたものである。これを一〇回おこなうのが千句連歌である。

そして九月一〇日前後の残されている連歌懐紙《れんがかいし》（和歌を認めた和紙）に記された出席者と懐紙袖巻頭に記された張行の日付から勘案すると、この九月の百韻連歌は同一の主催者による千句連歌会であった（ただし連歌の原形をうかがえるのは四〇〇句のみ）。出席者は聖護院道増・道澄、大覚寺義俊・義性（尊信）、そして近衛稙家を中心に、連歌師ら二六名が知られている。最後の百韻の発句が稙家によるものであることから、近衛家主催の千句

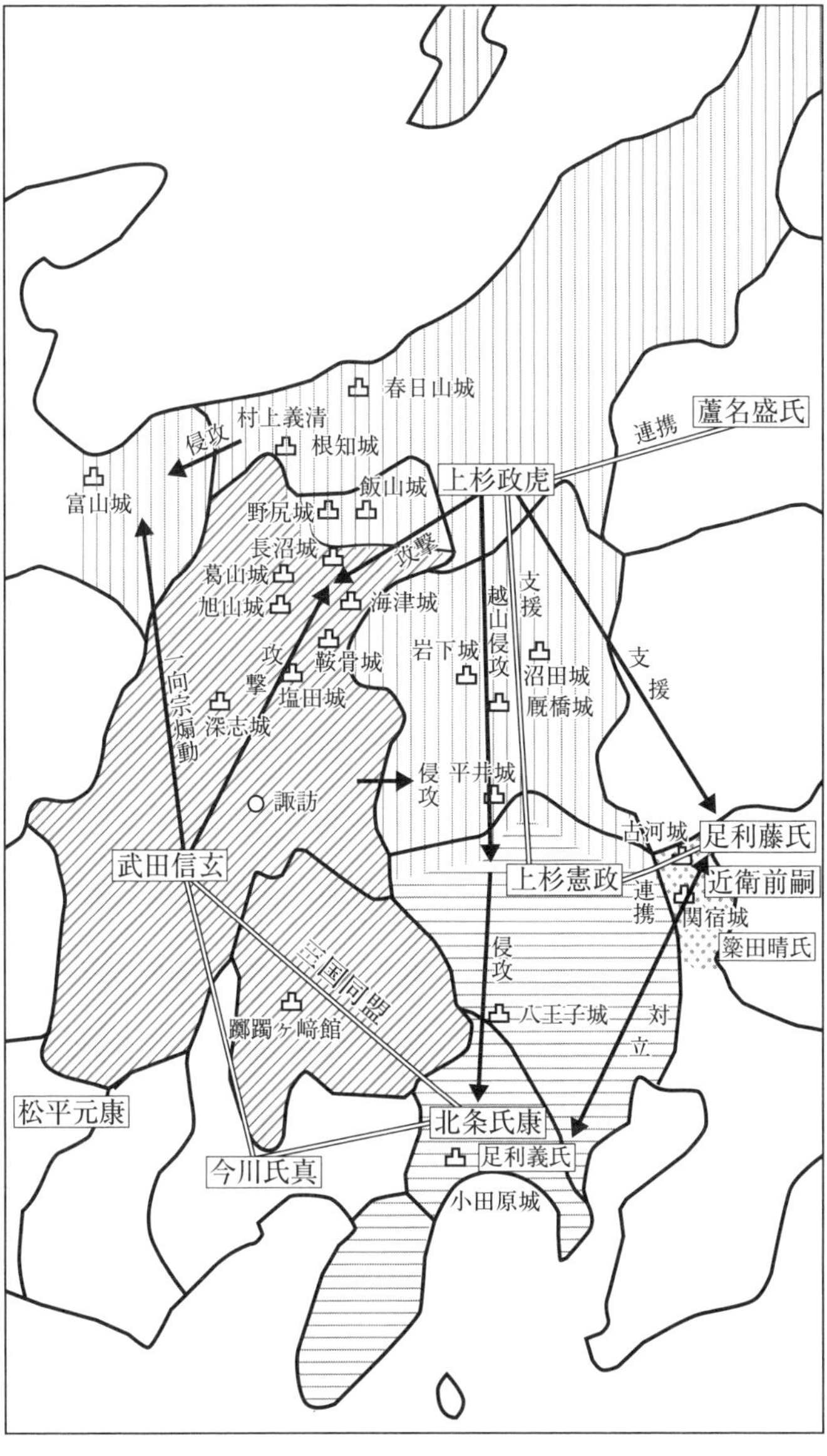

図34　永禄４年の勢力図

連歌の興行だったとみられる（村石　二〇二四）。

島津忠夫《しまづただお》氏によれば、そもそも千句連歌は神仏を慰撫《いぶ》する法楽和歌《ほうらくわか》であり、次第に祈禱・追善の意義が含まれ、戦国期には出陣祈禱の様相を帯びるようになるとする（島津一九五七）。戦国期の千句連歌興行で著名なものは永禄四年五月、三好長慶が居城飯盛城《いいもり》で主催した「飯盛千句」。同年三月に三好邸へ将軍足利義輝が御成するという政治的セレモニーを経て三好氏の権力が最高潮となった直後の連歌である。文芸的要素だけでなく一族の前途を祝す性格のものである。

永禄四年九月一〇日前後におこなわれた近衛家を中心とした千句連歌の目的は、表向きには連歌師宗養の父宗牧一七回忌の追善であった。将軍足利義輝の時代、近衛家が将軍外戚として、さらに側近公家衆として幕政に関与していた。ときあたかも、時の関白である近衛家当主が上杉政虎とともに越後・関東へ下向している最中である。大覚寺義性もまた前久とともに下向していたが連歌会には参加していることからこの時期には帰洛していた。永禄年間、将軍義輝からは武田氏との停戦命令や上杉憲政・小笠原長時への助力を命ずる御内書が越後長尾氏に対して発給されていたことは先述の通りである。発給された御内書をみれば、将軍の意向は、あくまで上杉氏の主張に沿ったものであったとみられる。そんななかで北信濃でも四度目の甲越両軍の合戦がおこなわれようとしていた（そしておこなわれていた）。いうまでもなく当主前久は関東古河にあり、北条氏と対峙しているし、また政虎の軍事力を頼みにし、その勝利を心待ちにしている。近衛家主催でこのタイミングに千句連歌を興行したもう一つの背景には、こうした政治的な要素があったのだろう。

ではいよいよ、軍記物をもとに永禄四年の川中島の戦い当日の動きをみていこう。まず武田方の『甲陽軍鑑』の記述に注目する。

『甲陽軍鑑』

八月一六日の飛脚によると、政虎が出兵し西条山（妻女山）に陣取り海津城を攻めようとうかがっていると報じられ、信玄は一八日に出陣、二四日に雨宮《あめのみや》に陣を敷き西条山を取り囲んだ。信玄は二九日に広瀬の渡しを経て海津へ入った。政虎は西条山を動かない。信玄は、海津城将だった小幡山城守《やましろのかみ》が六月に病死しており、原美濃守虎胤《みののかみとらたね》も負傷で離脱していたため、山本勘助・馬場信春《のぶはる》の両人が相談し、翌日兵を動かすことになった。勘助は、武田方二万の軍勢を二手に分け、一万二〇〇〇を西条山へ攻撃を仕掛けること、政虎の軍はこのとき勝っても負けても山を下り千曲川を渡ってくるから、そこで待ち構えた旗本二の備衆と前後で挟み敵を討ち取ることを献策した。高坂・飯富・馬場らは卯刻（午前五〜七時頃）に合戦を開始すると定めた。旗本組は山県昌景《やまがたまさかげ》ら一二の備えの八〇〇〇人を

図35　八幡原で対陣する信玄と政虎（信州川中島合戦錦絵　坤，長野県立歴史館所蔵）

寅刻（午前三〜五時頃）に出立し、西条山を下りた敵が広瀬の渡しを渡ったところで挟み撃ちをする手はずとなった。しかし政虎はその裏をかいた。政虎は「軍場を信玄にとられみな謙信がをくれの様なり」「いずれに明日は二つに一つの合戦也」と政虎にとって今回こそ決着を付けようという意思が表れている。政虎は武田軍に気取られる前に下山し、千曲川の雨宮の渡しから渡河し夜明けを待つ、日の出とともに合戦を始め、信玄の先遣隊が到着する前に武田勢を切り崩すことを家臣の前で述べた。両軍の旗本同士の一戦で、信玄と組み合い差し違うの覚悟と述べ

図36　霧の雨宮周辺

ている。政虎は兵士一人あたり三人分の朝食を用意した。

九月一〇日明け方、信玄は海津城から広瀬の渡しを渡って陣を取った。その数八〇〇〇人。秋の千曲川周辺は朝霧が立ちこめる。日が出て周囲の霧が立ち消えると、眼前には上杉軍一万三〇〇〇が備えている。武田方は、例え勝ったとしても戦死者は数多出るだろうと覚悟した。

戦いは当初政虎方が有利だった。信玄は信州先《さき》方《がた》衆の浦野から、政虎は犀川の方面へ退却しているとの報告を受けた。しかし信玄は、政虎が旗本衆を幾周りも巡回させ次々と新手の旗本を投入する「車懸《くるまがか》り」の軍法で、政虎が今日を最終決戦と見定めているのだと見破った。政虎は甘粕近江《おうみの》守《かみ》一〇〇〇人、直江二〇〇〇人と分けた。政虎の旗本は信玄の陣の右手に回って、信玄の嫡男義信の兵を追い立て、その隙に信玄の本陣へ乱入したという。まさに遭遇戦となり、両軍相乱れ、鎧の肩上《わたがみ》をつかみ合い、組み転び、頸を取り合う凄惨な現場となった。甲州勢は取り紛れ、信玄の行方も分からなくなるほど激戦となった。

そこに現れたのが、白巾の頭巾で月毛の馬に乗り、三尺ほどの太刀を抜刀した武者である。床几《しょうぎ》に坐した信玄のもとに一直線に乗り寄せると、切っ先外して三太刀浴びせた。信玄は軍配団扇《ぐんばいうちわ》でこれを受けた。のちに八つの刀傷があったという。信玄の旗本二〇騎は大剛の強者で、信玄に向かってくる敵を切り払った。中間頭《ちゅうげん》であった原大隅守《おおすみのかみ》は青貝の柄の鑓で月毛の馬の尻をたたきつけたため、馬は走り去っていった。のちにこれが政虎本人であったとわかったという。旗本衆山県昌景は越後の柿崎衆を追い立て穴山衆も新発田氏を追い払ったため信玄は床几から立ち退くことはなかった。しかし手傷を負った義信を始め次第に劣勢となった。信玄の弟信繁《のぶしげ》、両角豊後守《もろずみぶんごのかみ》、山本勘助入道道鬼《どうき》、初鹿野源五郎《はじかのげんごろう》が討ち死にした。

このように戦いは政虎が優位であった。しかし濃霧により政虎が動けなかった分が影響した。西条山へ先遣された部隊が八幡原へ到達、越後勢を後方から攻撃を始めたことで戦況は一転した。政虎は月毛の馬を乗り換え主従二騎で高梨山（飯山城か）へ戻ったという。

上杉方の記録
―上杉年譜―

次に『上杉年譜』に注目しよう。『上杉年譜』（御年譜）は、一七世紀後半に編纂が開始された家譜で、上杉謙信を初代としてその後各歴代の誕生から死までを記述した記録である。

政虎と信玄の前哨戦となったのが八月二〇日で、矢軍《やいくさ》があった。八月二二日、福王寺《ふくおうじ》兵部少輔孝重《ひょうぶしょうゆうたかしげ》が政虎から感状を得ている（福王寺文書『越佐』四、三四二。『上史』一五一は弘治三年とする）。政虎は西条山に登り、海津城を攻めることを決めた。信玄は二四日に二万騎を率いて甲府を出立し、雨宮渡しを押さえて、越後軍の退路を遮ったが、政虎は西条山を退かなかったため海津城へ入ったという。

九月一〇日寅刻、越後勢は出兵した。武田軍はそれを知らなかった。高梨・井上・須田・島津ら信濃衆二〇〇〇騎が先陣を勤めた。政虎は旗本衆を二陣にわけ、一陣は加地・竹俣・安田・荒川・水原の健剛勇威の若武者を、二陣には日頃戦功を顕《あらわ》す壮年をそれぞれ選び出した。先の五将は一文字に獅子奮迅の働きをした。武田の兵士も怯まなかった。先兵を西条山に押し寄せさせ、追われた越後勢を信玄の旗本衆が撃つ作戦だったが、政虎の作戦に気を奪われて御幣川《おんべがわ》を下り雨宮まで退散した。

この激戦で越後勢は大川駿河守が海津で戦死した。武田方は山本勘助、初鹿野源五郎が討死にした。武田義信は立ち退かず残兵を指揮し敗軍の味方衆を憤り、父信玄までをも批判する口ぶりであった。

先陣の五将は車懸りで義信の陣に突撃した。勝ちに乗じた五将は御幣川を下り信玄の行方を追った。信玄の危急をみて武田勢は越後勢と激しく斬り合った。信玄は雨宮の渡しを渡ろうとしたところを五将は殺到した。ついに荒川伊豆守《いずのかみ》は信玄に肉薄し、三太刀浴びせた。これをみた原大隅守が荒川の馬の腹を突き信玄を救った。信玄は倉科谷（千曲市）に敗走した。弟信繁は直江実綱の属兵により戦死した。両角豊後守も討死にした。越後方は志駄・庄田・左近司などが戦死した。政虎は髻《もとどり》山で首実検をおこなった。

以上が『上杉年譜』の記述である。『甲陽軍鑑』の記述と異なるのは、一騎打ちが荒川伊豆守長実《ながざね》と信玄とのものであったこと、御幣川が武田と上杉との戦いの舞台であったことであるが、ベースは『甲陽軍鑑』と大同小異であるといっていい。

宇佐美定祐の虚像

さらに越後上杉家臣宇佐美定行《さだゆき》の子孫を称する宇佐美勝興《かつおき》の子定祐《さだすけ》により編まれたとする『北越軍談《ほくえつぐんだん》』は、『甲陽軍鑑』の虚説を正すために著されたという。合戦の日取りが八月一八日で、一騎打ちも御幣川川中の馬上でおこなわれたとする。これは会津不動院の僧で信玄の祈禱師であった天海《てんかい》の見聞によるという。

天海は八月一七日信玄に対面し、政虎との合戦を聞き及んで雨宮（下米宮）に一泊、翌日山の上から見物したという。その後信玄の陣所へ立ち寄って慰労した。政虎との一騎打ちは大将同士のもので古今前例を知らないものだと褒めると、信玄はこれを否定、影武者法師である、決して他言無用と言い含めた、という。このとき天海は四五歳。天海は江戸幕府の護持僧となり黒衣宰相と呼ばれた南光坊天海その人であるが、このエピソードの真偽は不明である。

宇佐美定祐は大関定祐といい『川中島合戦弁論』なる書物を著していた。彼は越後流軍学者を名乗るが、上杉家や越後国とはまったく縁のない人物である。高橋修《たかはしおさむ》氏によって、定祐の軍学者としての虚構ぶりが明らかにされている（高橋　二〇〇〇・二〇〇七）。『甲陽軍鑑』を否定するために独自の虚説を作り上げ、また軍学者として名を売ろうとしたもので、五回の合戦を天文二二・二三年、弘治二年三月・八月、永禄四年としており、しかも一騎打ちを天文二三年八月のこととしている。本書でみたように、宇佐美の記述はまったく史実とは言いがたい。

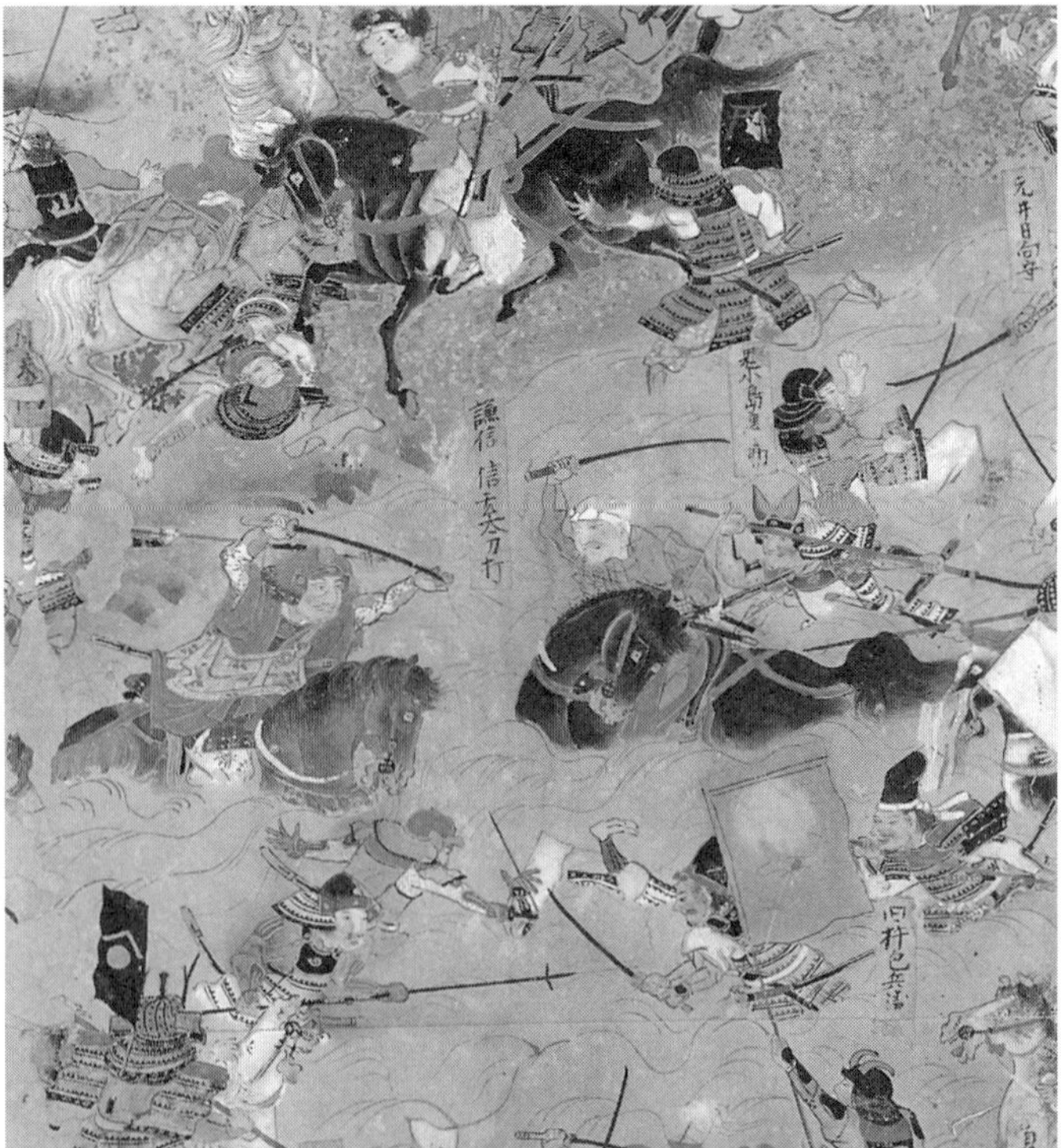

図37　御幣川での一騎討ち（川中島合戦図屛風，画面中央の左側が武田信玄，右側が上杉政虎，和歌山県立博物館所蔵）

一次史料として残されている永禄四年の合戦関係文書は、両大名が発給した戦功を褒賞する感状がほとんどである。原本で真正なものはすべて政虎から発給されたものである。

発給感状の比較

去十日信州河中嶋において、武田晴信に対し一戦を遂ぐるの刻、粉骨比類なく候、殊に親類・被官人・手飼の者、余多これを討ちとらせ、稼を励まるるにより、凶徒数千騎討ち捕り、太利を得候事、年来本望に達し、又面々名誉、此忠功政虎一世中忘失すべからず候、いよいよ相嗜《たしな》まれ、忠節を抽んぜらる簡要候、恐々謹言

九月十三日　　政虎（花押）

色部修理進殿

この文書は、揚北衆色部勝長に宛てたもので、勝長の戦功は抜群だった、おかげで政虎の軍は武田勢数千騎を討ち取って大勝利を得た。年来の本願を達成できた、「政虎一世中亡失すべからず候」と大仰な表現でこの忠節に最大限の礼を述べている（色部文書『上史』二八二）。自分に酔った大げさな表現はいかにも政虎らしいが、その点を割り引いたとしても、勝長ら家臣の働きは賞賛されるべきものであった。勝長ほか五名の越後国衆に同様の文面の感状が出された。激戦で多くの戦死者がでていたため、一族・家臣らの血に

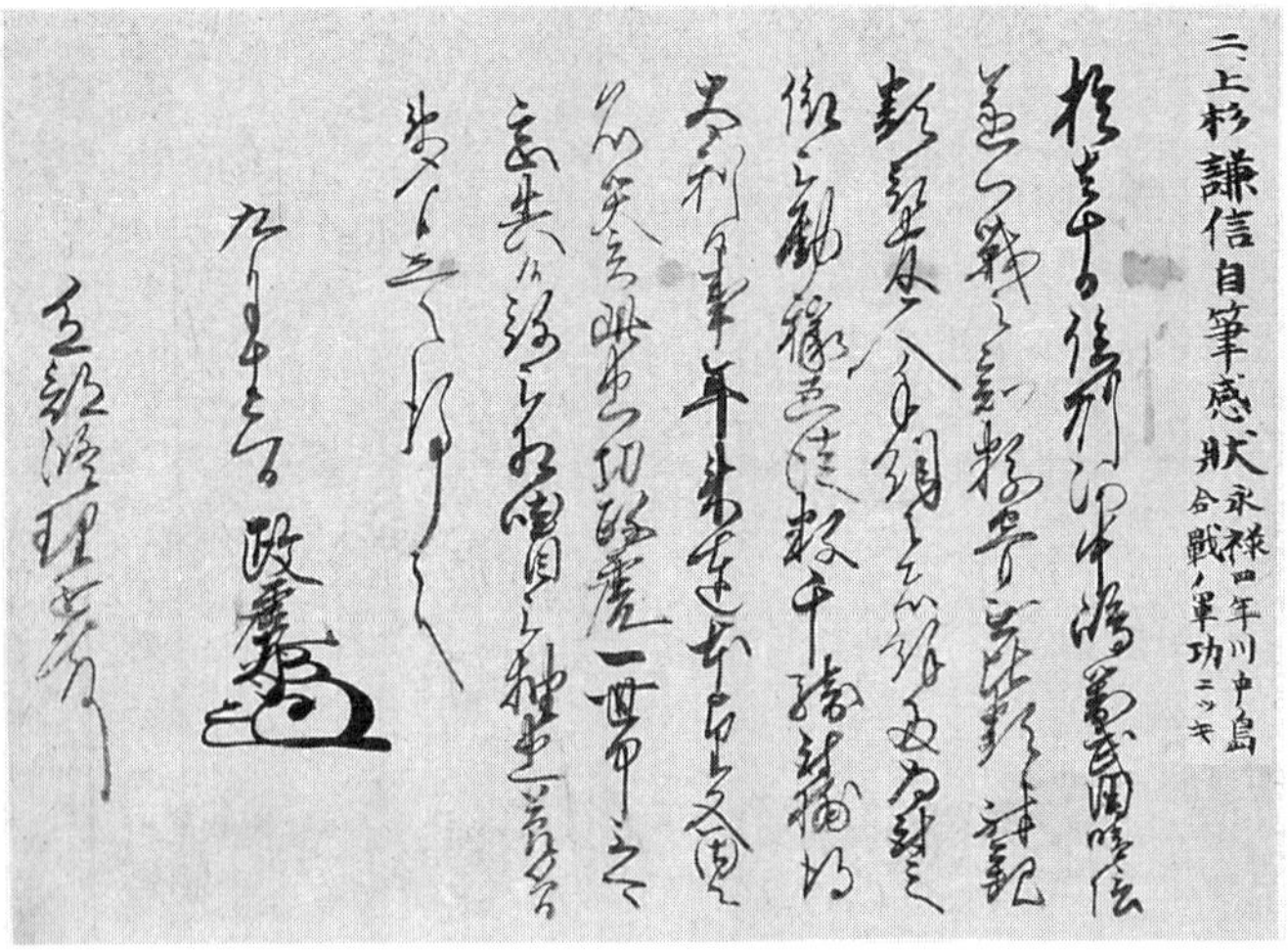

図38　いわゆる「血染めの感状」（上杉政虎感状，新潟県立歴史博物館所蔵）

よって贖われた褒賞であることから、これらの感状を「血染めの感状」と言ったらしい。筆跡も同筆で、政虎自筆と考えられている。その意味で最上級の文書であることは疑いのないものだ。ただし文面からは実際に恩賞が配分された形跡はない。政虎がこの戦いで得たものは何らなく、与えるべき新たな領地もなかったのである。

武田信玄はさらに苦しい。現在残されている感状はいずれも偽文書あるいは疑義の残るものばかりだ。信玄はこれまで川中島の戦いで感状を発給してきたが、今回の戦いは弟信繁をはじめ多くの侍大将の戦死者が出て、感状を出すこともはばかられる状況であった。

信濃国内だけをみると、政虎から信濃国衆に対して出された感状は残されていない。さらに偽感状に限ると、北信濃には数多くの信玄偽感状が江戸時代に作られた。これは、この地域が信玄により着実に版図が広げられ、永禄四年以降も実効支配されていったことと無縁ではない。江戸時代には人々の中に、かつて武田氏が自分の土地の領主として支配したという事実や記憶が残されていただろう。人々はそこに由緒を求めた偽感状や系図を作成し、家の歴史を作り出した。そして偽感状のほとんどが永禄四年に集中していることは、『甲陽軍鑑』の記述の影響がいかに大きかったかと想像できる。また実際、数多くの戦死者を出したこの戦いを、地域の人々の記憶として江戸時代の人々が継承してきたことを物語っているのではなかろうか。無下に偽文書として唾棄すべきではない。

いっぽう上杉氏が発給した川中島の戦いに関する文書は、偽文書も含めてこの地域ではほとんど残っていない。武田氏滅亡後の天正一〇年（一五八二）にはこの地域は上杉景勝の領国となった。さらに慶長三年（一五九八）には信濃武士を始め上杉家臣は会津へ移封となった。武士身分は家財道具や文書も携えて一族・中間までもが奥州へ移住していった。上杉氏の時代は、土地と武士との結びつきが根切りにされた過渡期であった。当事者が移

表3　永禄四年感状一覧

番号	形態	月日	書止	宛所	署判	内容	給付	出典
1	写	九月一〇日	仍如件	松本兵部殿	信玄(花押影)	松本兵部の戦功を賞す	×	戦武七四九　益子家文書
2	正文	九月一三日	恐々謹言	色部修理進殿	政虎(花押)	色部勝長の忠節を褒める	×	上史二八二　新潟県立歴史博物館所蔵文書
3	正文	九月一三日	謹言	安田治部少輔殿	政虎(花押)	安田長秀の忠節を褒める	×	上史二八三　新潟県立歴史博物館所蔵文書
4	正文	九月一三日	謹言	垂水源二郎殿	政虎(花押)	垂水源二郎の忠節を褒める	×	上史二八四　垂水文書
5	正文	九月一三日	謹言	松本大学助殿	政虎(花押)	松本忠繁の忠節を褒める	×	上史二八五　京都大学総合博物館所蔵文書
6	正文	九月 三日 (一三日)	者也	本田右近允	政虎(花押)	本田右近允の忠節を褒める	×	上史二八六　本田文書
7	写	九月一三日	恐々謹言	中条越前守殿	政虎	中条藤資の忠節を褒める	×	上史二八七　中条文書
8	写	九月二三日	者也	岡田但馬殿	謙信御判	岡田但馬の忠節を褒める	×	上史二八八　歴代古案所収文書
9	写	九月二六日	仍如件	高梨牛太郎まいる	直江大和守実綱(花押影)	直江実綱が高梨牛太郎の本領を落着ののち進ずるとし、飛津根の地を与える	○	上史二八九　伊佐早謙採集文書

10	写	九月二六日	者也	上野左近丞殿	信玄在判	上野左近丞の戦功を賞す	×	戦武七五三　上野家文書
11	写	一〇月二日	仍如件	—	朱印影	某の戦功を賞し和田・長池を宛がう	○	戦武七五五　武州文書

っていき、地域の中から上杉氏と川中島の戦いとの関係の記憶が忘却されていった。

永禄四年の合戦が残したもの

永禄四年の合戦は、短期的な戦術という意味で政虎が優勢であった。実際に上杉方からは名だたる武将の戦死はない。しかし、武田氏による領国支配は、合戦以後も着実に拡大していく。長期的な戦略の面で武田氏優位は変わらなかった。戦後、信玄はわずか市川城（野沢温泉村）・野尻城（信濃町）という、越後国境の残党のみが抵抗しているに過ぎなくなったと述べている（温泉寺文書『戦武』七五九）。

ただし、今回の会戦が想定外の大きな代償を武田方にもたらしたことも事実である。そしてそれが信玄の対外的な戦略に大きな影を落としたことは想像に難くない。嫡男義信が信玄の采配に異議を唱えたとする上杉方の記事もみえるが、これはのちの義信廃嫡の伏線とも考えられる。つまり、武田家内紛の芽も生じたことになる。

政虎も同様である。関東滞在を切り上げて川中島へ出陣したものの、政虎の後ろ盾を失った関東の国衆は徐々に北条氏に侵食され降伏を余儀なくされた。近衛前久は政虎の大勝利を大絶賛しているが、同じ書状のなかで、かたや関東情勢を憂い、早急に越山するよう政虎に嘆き訴えている（太田作平氏所蔵文書『上史』二九〇）。政虎の留守中、関東公方・関東管領の秩序による上杉氏の支配が、次第に不利な情勢へと変化していったのである。

双方とも大きな代償を払った今回の合戦を機に、両者の直接会戦はみえなくなる。しかし川中島の戦いは終わっていない。信玄は直接対決を避け調略を組み入れ領土拡張をめざし、いっぽう政虎は、関東および信濃を戦場とし、越山も続けることになった。

描かれた川中島の戦い

武田家滅亡後、武田旧臣が徳川家に仕官したことや、徳川家康が武田信玄の兵法に心酔したことで、徳川家は『甲陽軍鑑』に代表される武田流軍学を採用したとされる。江戸時代、実際に戦闘はなくなったが、大名家では軍学を通じて過去の戦争を学ぶ気風が生まれた。絵画作品にも影響がみられ、このうち景観描写とともに合戦の人物と群衆を描いた「戦国合戦屏風」が生まれる。川中島合戦図屏風は現在六本知られており、独自のジャンルを確立している。『甲陽軍鑑』に忠実にもとづいて武田側の視点で描いた屏風（柏原美術館蔵）、宇佐美定行を主人公とし上杉側の視点で描いた屏風（和歌山県立博物館蔵）、両者折衷型屏風（勝山城博物館蔵など）、朝廷への献身ぶりを土佐光成《とさみつなり》が描いた絹本屏風（ミュージアム中山道蔵）、一騎打ちを江戸時代後期の浮世絵の影響を受けた町絵師が大画面に描いた屏風（長野県立歴史館蔵）などが知られる。これらはあくまでも屏風発注者の意図と、作者のデフォルメがみられる芸術作品として位置づけられるもので、合戦自身を語る上での同時代史料とは異なる参考資料である。

高橋修氏が指摘するように、和歌山県立博物館蔵本は、御三家の一つ紀州藩主徳川頼宣《よりのぶ》によって召し抱えられた大関（宇佐美）定祐によって作られた越後流軍学をもとに描かれたものである。高橋氏は、越後流軍学は、幕府の政治中枢から排除された御三家の一つ紀州徳川家が、その家格的優位を生み出すために、武田信玄の甲州流軍学と対抗するものとして作り出し、それを藩の公式軍学として位置づけたという。そのため、川中島の戦いで上杉謙信が勝利するというストーリーが必要で、越後流軍学を拡散させることは、ひいては紀州徳川家の兵法の優越を語ることになったのである（高橋　二〇〇〇・二〇〇七）。

その後の北信濃——エピローグ

関東情勢の変化

永禄四年（一五六一）の合戦直後、北条氏康が太田資正《おおたすけまさ》の籠もる松山城（埼玉県東松山市）付近まで出陣したという噂を耳にした古河城の近衛前久が救援を求めた（簗田壽昭氏所蔵文書『上史』二九二）。政虎はこれに応じ、一一月に再び越山し厩橋城に駐屯した。甲相同盟のなかで信玄は上野国へ出兵するため、松原神社に願文を奉納し、同国西牧・高田・諏方各城の落城を祈願した（松原神社文書『戦武』七六〇）。鎌原郷《かんばら》（群馬県嬬恋村）の領主鎌原宮内少輔《くないしょうゆう》は、信玄の調略によって上杉方の岩下斎藤氏から離反した。武田方に従属した宮内少輔は信玄から援軍の約束を得た。また高田繁頼《しげより》も降伏した（鎌原系図『戦武』七六二）。上野国の戦闘は激しくなり、長年《ちょうねん》寺《じ》や貫前《ぬきさき》八幡宮は武田氏より禁制を得るなどして保護を求めてきた（長年寺文書『戦武』七六一など）。関東管領山内上杉氏の被官だった小林平四郎（監物《けんもつ》）も、一二月には武田氏に従属し、本領の替地として上野国あるいは信濃国で相応分を得ることが約束された（小林家文書『戦武』七六五）。政虎は敵が敗退するのを待って下野国佐野城に進むと長尾満景《みつかげ》に伝えた（『歴代古案』『上史』二九七）。倉賀野には北条・武田連合軍が在城しており、政虎はその攻城戦で感状を発給した（高崎市所蔵文書、織田文書『上史』二九九・三〇〇・三〇一）。なお政虎は年末には輝虎へと改名している（照陽寺文書『上史』三〇二）。足利義輝の偏諱だが、政虎を名乗ったのはわずか一年足らずである。

永禄五年（一五六二）になっても西上野で信玄は兵を動かした。佐野攻めは決着がつかず、二月中旬に輝虎は前久と上杉憲政を古河城から逃し厩橋城へ兵を引いた。そして、前久・憲政を引きつれて越後へ帰国したのである。古河公方足利藤氏は安房国の里見氏のもとへ逃亡した（秋田藩家蔵文書『上史』三一二）。時の関白を東国に奉戴し、古河公方や関東管領の権威も得た上での上杉輝虎の関東政策は事実上頓挫したのである。

三月一五日、越後の状況が不安定となってきたため、輝虎は春日山・府中・善光寺町の警固を強化させた（関口直甫氏所蔵文書『上史』三一三）。さらに越中国もふたたび反上杉の動きが顕在化したため、輝虎は神保長職《ながもと》を攻め一〇月に鎮圧した（本田清氏所蔵文書『上史』三二六）。関東では再度北条氏の侵攻で圧迫された公方足利藤氏から再度出馬要請があり、輝虎は越山した。同盟関係にある北条・武田両氏は上杉氏へ関東・越中両面からの揺さぶりをかけた。

武田氏の地域支配の進展

永禄五年（一五六二）、武田・上杉双方とも信濃へ出兵をおこなわなかった。失意の近衛前久は同年八月に京都へ戻り、その足で参内した。輝虎は前久の突然の帰国に対してその翻意を迫った。しかし前久の決意は変わらなかった。翌六年三月になって前久は、越後にいる輝虎家臣らに東国滞在中の輝虎への取り成しに対して謝意を示した（尊経閣文庫文書『上史』三三七）。この書状を最後に前久と輝虎との交流は途絶えた（谷口　一九九四）。しかし後述のように、永禄九年以降足利義昭《よしあき》からの上洛要請の使者として大覚寺義俊が御内書を輝虎へ持参していることから、近衛家との接点は継続していた（上杉家文書『上史』五二六）。

永禄六年四月二八日、輝虎は義兄長尾政景から信州口と越中国の無事が報じられ喜んだ（謙信公御書集『上史』三四〇）。永禄五年以後、信玄が上野国と北信濃地域とを結ぶルートを構築し、人的な配置もすすめ、地域再編をおこなっていたという背景があったため、輝虎はとくに信州口への警戒を怠れなかったのである。

ここで武田氏の地域再編の様子を高井郡を例として確認しておこう。

永禄五年、仁礼《にれい》衆五〇人に対し、鎌原宮内少輔の抱え分五〇〇貫文が宛行われた（諸家古案集『戦武』七七九）。「衆」とは寄子《よりこ》と呼ばれる地侍層を集合させて大名が把握した呼称である。間山《まやま》郷（中野市）のうち三〇〇貫を約束されていた井上領坂田郷（須坂市）の伊藤右京亮は、永禄六年郷内の開墾を認められた（同『戦武』八四一）。山田郷（高山村）の原左京亮も郷内の開発を改めて許可された（同『戦武』八四〇）。綿内（長野市）の寺内《てらうち》采女《うねめ》と同玄蕃《げんば》は上杉方に付いたため、永禄六年、武田信玄は井上新左衛門尉《いのうえしんざえもんじょう》に寺内領だった小柳《おやなぎ》一五〇貫分を海津城代春日虎綱《かすがとらつな》を介して宛行われ、名目分に満たない不足分として温湯《ぬるゆ》（長野市）も付け加えて給与された（丸山史料『戦武』八二五）。

このように川中島の戦いを経て高井郡から逃れた高梨氏などの所領が武田氏によって分割され、新たに新恩として一族の庶子や中小地侍に配分された。

住民に対し還住命令も出された。川中島の戦いによって各地で住民の逃亡が相次いだからだ。永禄五年三月二四日、大須賀久兵衛尉に対して被官等が徘徊した場合は召し返すべき事が伝達された。永禄六年、島津領水内郡長沼（長野市）から離れた住民を帰農させ、定住させる命令を出している（島津家文書『戦武』八三三）。永禄六年一一月、坂田郷（須坂市）伊藤右京亮、山田郷原左京亮に対し「被官・地下人・僧俗・男女共に相集まり耕作すべし」と春日虎綱により厳命が下された。翌年二月にも鎌原知行のうち徘徊する百姓らを召し返すように命じられた（鎌原系図『戦武』八七六）。

永禄六年五月三日、上野国吾妻郡で信濃国と接する境目の領主鎌原宮内少輔に対して俵物を輸送することを認める過所が出されている（『加沢記』『戦武』八二二）。永禄九年には鎌原筑前守重澄《ちくぜんのかみしげずみ》（宮内少輔と同一人物と推定されている）が仁礼関所（須坂市）を通過する際、関守に対し鎌原の籾ほか馬五疋、人足一〇人の通過を認めよという過所も出された（羽生田家文書『戦武』一〇〇六）。

古河公方が太田荘長沼へ過所を発給していたことは前節で触れた。上州と高井郡さらに長沼へのルートの構築は、食糧等を輸送するために重要であり、関東との接点としても見過ごせないルートだ。

このように、永禄五・六年には武田氏の地域支配が進展していったのである。

上杉輝虎の願文

武田・北条両大名が対上杉氏に対して共同戦線をとるなか、永禄七年五月一三日、上杉輝虎は飯塚八幡宮に信玄を退治、当秋中に甲府へ上杉の旗を立て信玄の分国を入手すべきことを祈願した（飯塚八幡宮所蔵文書『上史』四〇五）。これは北信濃への出兵を予告するもので、家臣への出馬命令もあわせて出された（伊佐早文書『上史』四一一）。小山重朝に対しては七月八日に信州へ出馬することを伝えた（富岡家古文書『上史』四一六）。弥彦神社へは「信州へ行《てだて》を成す事、第一、小笠原・村上・高梨・須田・井上・嶋津、その他信国の諸士牢道、又は輝虎分国西上州へ武田晴信妨を成し候、河中嶋においても手飼の者数多討死をなし候、この所存を以って、武田晴信退治」と述べる（弥彦神社所蔵文書『上史』四一二）。さらに「武田晴信・伊勢氏康退治」が願文の趣旨であることを述べる。ちなみに北条姓は、関東へ外来者として入部した伊勢氏が、後に称した姓である。いうまでもなく、鎌倉時代関東を治めた執権北条氏にならったものである。当然のことながら、敵対する山内上杉氏などはこれを認めず、敢えて伊勢姓で相手を呼んだのである。鎌倉時代の関東の盟主鎌倉北条氏の跡を継ぐという意識を氏康らが持っていることに対する山内上杉氏の牽制であるが、戦勝を祈る輝虎の願文に伊勢（北条）氏の名前が出てくること自体が、これまで過去四回あった川中島の戦いの際の願文との決定的な違いである。また、動員する対象範囲に、倉賀野氏や小山（富岡）氏など西上州の諸士を含めているのも同様である（三戸靖之氏所蔵文書など『上史』四一一・四一六・四二三）。

輝虎は飯縄・戸隠・小菅等の祭祀が滞り、神社仏閣が焼亡、さらに信州の氏子が滅亡したり流浪を余儀なくされていることを信玄の所業として糾弾し、仏神の加護を祈願、秋の出陣を改めて報じた（堀田次郎氏所蔵文書『上史』四一五）。

表4　永禄七年上杉政虎願文一覧

月日	宛　所	事　書	内　容
五月一三日	飯塚八幡宮	五壇護摩執行之立願	越後国豊穣安全長久　分国味方中対輝虎不逆別心　武田晴信退治　分国入手　弓箭如存分
六月二四日	弥彦御宝前	輝虎守筋目不致非分事	関東静謐　信州江成行　武田晴信・伊勢氏康退治　越中口静謐
六月二四日	姉倉比売神社御宝前	輝虎守筋目不致非分事	関東静謐　信州江成行　武田晴信・伊勢氏康退治　越中江討入
六月二四日	御かんきん所	たけ田はるのぶあくぎやうの事	武田晴信過故之事（信州之仏神氏子滅亡・牢道）
六月二四日	弥彦御宝前	武田晴信悪行之事	武田晴信過故之事（信州之仏神氏子滅亡・牢道）
八月朔日	（更科八幡宮）	—	武田晴信者貪無体（仏塔無際限焼却　山門領等押領・老父追放　凶徒誅伐）

さて、この年で今ひとつ注目すべきは、輝虎がこれまで以上に多くの願文を奉納している点である。通常、神仏に加護を得るために祈願するのが願文であるが、この年の輝虎の願文は、「武田晴信の悪行の事」として箇条書にして信玄の悪逆を書き連ねたものと、「輝虎筋目を守り非分致さざる事」と輝虎は筋を通し非分なことはおこなわないことを神に宣誓しているものとに分類される。自らの正当性をアピールしながら、信玄の悪口を述べ、秋の川中島への出陣を家臣ら周囲に約束することで、関東諸将のつなぎ留めをはかった、いわば政治的パフォーマンスにもみえる。川中島の戦いを、関東勢力との争いの一局地戦と位置づけている。

なお輝虎の願文は、概して自己主張の正当化を理詰めで記している点に特徴がある。

輝虎出陣　しかし情勢は輝虎にとって思わしくない。すでに飯山・野尻を除けば、北信濃はほぼ武田氏により実効支配される状況になっていた。

輝虎の意識も、天文二二年当時からみれば変化してきていることがうかがえる。輝虎は常陸国（茨城県）太田城主の佐竹義昭に宛てた書状のなかで、

(1) 輝虎は八月三日犀川を越え、「河中嶋」へ出馬した

(2) 万一信玄と打ち合うことができなければ、佐久郡に滞在し国中を悉く一変させる

と述べる（保阪潤治氏所蔵文書『上史』四二八）。輝虎が「川中島」という地名に対して、領域的な空間認識を込めていたことはすでに述べた。父為景の時代のように、北信濃を分国の一部として理解していたなかで、その領域を「川中島」という表現を用いていたのである。しかし、飯山・野尻城までフロントラインが後退した永禄七年の段階では、輝虎は犀川を越えた地点として「川中島」を捉えている。すでに領域的には捉えられない状況にまで陥っているのである。したがって、輝虎は領域の回復のため、この年の戦いに大きく賭けていたに違いない。「色々計義を廻らすといへども今に陣所聞くを得ず」と、信玄の行方をつかめぬ輝虎は焦りをみせる。かなり感情的である。輝虎は佐久郡にしばらく陣を張って敵の出現を待ち、様相を一変させる覚悟だという。岩鼻・坂木を小県と更級・埴科郡の境界（分国境）として意識して佐久はおろか小県にも兵を進めたことのない輝虎が、である。天文二二年（一五五三）から数えて一一年目のことである。

その最中、七月五日、輝虎の義兄長尾政景が享年三九歳の若さで没した（「上杉家譜」など『越佐』四。なお「上杉年譜」は永禄四年とするが誤り）。いずれも野尻池遊泳中に没したとされるが、諸文献によりその場所は異同がある。野尻池で舟を浮かべ宇佐美定満とともに遊泳していたところ水没し溺死したとする。上杉輝虎がこれに関与し信州野尻城主宇佐美定満が謀殺したとする説が『北越軍記』などで江戸時代巷間に広められた。ここでいう野尻池は現在の野尻湖（上水内郡信濃町）ともいわれるが、真偽ははっきりしない。

七月二三日、輝虎は上野国小山重朝に対して「明日廿四、信州に至り必ず乱入、時日を移さず、かの国上郡へ押し詰めるべく候」と信州「上郡」への出馬を明らかにしている（群馬県立歴史博物館所蔵文書『上史』四二一三）。ここでいう信州上郡とは飯山以北の四郡であることは前述したとおりである。重朝には「兼日、度々申し越すごとく、厩橋へ早速相移り、小幡谷、安中口へ深々と動く簡要候、かの筋の人数悉く信州へ打ち越すべく候」と、輝虎と連動して上州勢が小幡谷（群馬県甘楽町）・安中口（群馬県安中市）へ集結し、信州へ討ち入ることを求めている。武田勢を越後と上野から挟撃しようとしているのである。輝虎は二九日に北信濃（川中島）へ陣を進め、自分は佐久郡まで押し通すから、上野衆に対して碓氷峠を越えるように求めた（富岡家古文書『上史』四二一六）。信玄の居場所が不明であったから、本人は佐久へ兵を進めることも視野にあったかもしれない。八月一日には輝虎は更級八幡宮（千曲市）へ願文を奉納した（上杉家文書『上史』四二一七）。犀川を越えたのが八月三日（保阪潤治氏所蔵文書『上史』四二一八）。この段階でも信玄はその姿を現さない。

対陣六〇日

このとき信玄は小諸へ移っており、岡村（上田市岡）に着陣していた（松雲公採集古文書『戦武』九一二）。信玄の動きは気取られなかったのである。しかし、上杉方の偵察により信玄がみつかったのは、更級郡塩崎（長野市）の陣であった。しかし、さしたる軍事行動もなく日数ばかりがいたずらに過ぎ、衝突には至らなかった（荻野周次郎氏所蔵文書『上史』四三一）。

その後信玄は犀川を渡河し小荷駄《こにだ》の過半を捨て敵は退散したが、ここでも一戦を遂げられず信玄は無念だ、と上野国斎藤弥三郎（憲実《のりざね》）へ伝えた（松雲公採集古文書『戦武』九一二）。越後衆が退散するのを見届け、信玄は上野国へ移り、その後甲府へ帰還している。

輝虎は飯山に兵を引き飯山城の普請をおこなった。普請を終えた輝虎は越後へ帰国した。すぐさま武田の陣を偵察するために横目《よこめ》（監視役）を派遣しその様子を見届けて報告せよと岩船長忠《いわふねながただ》・堀江宗親《ほりえむねちか》に命じた。敵が退くのか、千曲川を渡り中野方面へくだっていくのかを見届けて報告するよう伝えたのである（上杉定勝古案集『上史』四三六）。飯山城普請は、もちろん信玄への対策であった。

輝虎が六〇日間川中島に在陣しながら、無為に陣を払ったのは、周辺諸国の情勢が変化したため帰国を余儀なくされたからである。まず関東では、七月二三日北条氏康が岩付城を攻略し落城、守将太田資正《おおたすけまさ》が宇都宮城へ退く事件がおこっている（富岡家古文書・上杉家文書『上史』四二六・四四二）。上杉氏の最大拠点が奪われる「言語道断」の痛恨事であった（『上史』四二六）。飛騨国では輝虎方となっていた江馬《えま》一族が分断され、時盛《ときもり》が再度寝返り、信玄方となっていた。信玄は飛騨へ出兵しており山村良侯《やまむらよしとき》に感状を出していた（山村家文書『戦武』九〇九）。武田方から出兵した甲信の軍勢が飛騨で濫妨を働かないよう命じた禁制が永禄七年六月一五日付で大林寺に出された（大林寺文書『戦武』九〇一）。このように信玄は飛騨の調略も進め、輝虎を圧迫していた。輝虎方となっている同族江馬輝盛《てるもり》や三木良頼《みつきよしより》は信玄と戦闘する事態となったのである。

分断された江馬氏の和睦をなすため、輝盛の家臣河上式部丞に宛てた使者として派遣されたのが村上義清である（窪田宗則氏所蔵文書『上史』四三九）。義清は根知城（新潟県糸魚川市）の守将となっており、越中・信濃の境目の国衆として、係争国同士の取次を担った（村石　二〇一三）。信玄による周辺諸国への調略により、輝虎は川中島からの撤兵を余儀なくされたといえる。

朝倉《あさくら》氏も九月一日に加賀に出陣している。一二日には義景《よしかげ》本人も出陣し、一向一揆の拠点本折《もとおり》・小松《こまつ》（石川県）を落とした。輝虎は「越前国累代申し合わせの筋目を以て、去年（永禄七年）押し懸け当方へ証人を越され候」（『歴代古案』『上史』四五三）と朝倉氏がかねてからの約定により輝虎のもとに押し掛け、証人を寄越していたことがわかる。義景の加賀国出兵は弘治元年同様、輝虎と気脈を通じたものであり、輝虎が川中島へ出兵することにあわせたものであったのである。

もちろんこれは相互援助協定であり、実際に翌永禄八年二月二四日には加賀に出張中の義景は輝虎の出陣を懇望した（中山福太郎氏所蔵文書『加能』一五）。さらに六月一六日、義景は輝虎へ出兵を要請した（上杉家文書『上史』四五九）。しかし輝虎は関東情勢への対応によりこれに応えることができなかったのである（『歴代古案』『上史』四六一）。

永禄七年停戦命令

関東と輝虎の和議については、「北条左京大夫氏康と和睦事、去年藤安を差し下し申し遣す処、内存聞こし召され訖んぬ」（上杉家文書『上史』四五四）とみえ、将軍足利義輝が調停を図っていた。氏康と輝虎が和議を結ぶことについて昨年義輝は有力幕臣大舘藤安《おおだちふじやす》を使者として送ったところ、輝虎の内存について承知したと述べる。さらに急ぎ和議をすることが肝要である、そのために氏康にも使者を送ったところだが、その和議が成就する前に戦闘になったら仕方がない、と記す。足利義輝の和談斡旋の御内書を受けたことは、永禄七年（一五六四）八月四日の輝虎書状で

「北条左京大夫氏康和睦の儀につき、御内書謹みて頂戴、誠に以て過分至極候」から判断される（謙信公御書『上史』四二九）。従ってこれは翌八年のもので、前年五月一三日に将軍足利義輝が越相の停戦調停をおこなった（上杉家文書『上史』四〇六）。

輝虎はかく言う。「和談など思いも寄らなかったが、将軍の上意として心底からお請けしようと思い、氏康との戦いを納めるようにと固く申しつけたにもかかわらず、そこで味方は皆油断してしまったが当の氏康が停戦しない」、と悔しがった。永禄七・八年の停戦命令は成就しなかったのである。

永禄一〇年の戦いはあったのか

川中島の戦い五回説は現在の通説の位置を占めているが、近年、永禄一〇年（一五六七）に両者の対陣があったのではないかという新見解が出ている。

永禄一〇年八月七・八日、信玄の家臣たちは下之郷《しものごう》神社（生島足島神社）に約八〇名が起請文を奉納した（生島足島神社文書『戦武』一〇九九〜一一八六）。この契機としては、平山優氏が整理しているように、今川氏と通じる義信と、それをよしとしない信玄との間の不和およびそれに起因する対外路線を廻る家中の対立があると考えられている（平山　二〇〇二）。

さらに、武田家の家中が敢えて信濃国の神社に起請文を奉納した理由として、彼らが輝虎との戦いのために信濃へ出陣していたことが要因という（西川　二〇〇七）。確かに起請文の文言は「長尾輝虎を始めとして、敵方より如何様の所徳を以て申旨候共、同意致すべからざるの事」「今度別して人数を催し、表裏なく二途を渉《わた》らず、戦功を抽《ぬき》んずべきの旨存定すべき事」と、武田氏が長尾景虎ほか敵との交戦を強く意識した文言である。さらにこれまで永禄七年に比定されていた塩崎の対陣を、永禄一〇年の動きに読み直す見解もある（前嶋　二〇一七）。

問題は永禄一〇年に輝虎が信濃川中島へ出陣していたかということである。西川氏は次の文書を永禄一〇年とみる（謙信公御書集『上史』五七九）。生島足島神社起請文と同一日である。

Ａ　（前略）越山のこと相急ぐべく候処、留守中備として候間、信州の内飯山地地利を取らせ候、左様の取り籠め故遅々、大略普請以下出来候間、必ず今月中出馬せしむべく候（中略）就中、佐野地仕置の事、定てその聞えあるべく候、佐息《(佐野)》虎房丸儀、先年証人として出及び、度々捨て置き候と雖も（後略）

八月七日　　　　　　　　　　　　　　　　　　　　輝虎

太田美濃守殿

輝虎は太田資正に書状を送り、八月中に越山し佐野の仕置をするつもりだと述べる。すでに佐野昌綱《まさつな》の息子虎房丸は人質となっていた。関東への出陣が遅れたのは春日山留守中の備として飯山城の普請に紛れたからとし、それが完成する八月中には出陣する、という。

なおこの文書と関連する文書として、『上越市史』が永禄一〇年に比定する同内容の次の文書もみてみよう（謙信公御書『上史』五八六。傍線筆者）。

B　去る頃は使者として打ち越され候処に野州佐野の地衆、悉く替える覚悟、佐野小太郎を始めとして、武・相の衆数千騎引きつけ、実城一廻輪の躰に取り成し、その上伊勢氏政父子、赤岩と号す地に船橋を懸け、利根川取越、（中略）然らば、佐城の儀手越の地と云、佐野悃望と云、先ず以って小太郎に預け置き、彼息虎房丸を始め家中の証人卅余人幷越国より籠め置き候者共召連れ、去る廿一納馬候（中略）猶河田豊前守（長親）申し越すべく候、恐々謹言

極月二日　　輝虎　御居判

游足庵

関東情勢のうち佐野昌綱らが敵対する北条氏と戦っていたこと、敵北条氏政父子が船橋

を懸けて利根川を渡河していたことが記されている。この関東の情勢を蘆名氏の外交僧游《ゆう》足庵《そくあん》に伝えたのが上野国沼田城代河田長親《かわだながちか》である。栗原修《くりはらおさむ》氏によれば沼田城代としての長親の徴証は永禄九年までである（栗原　二〇一〇）。また次の永禄七年（一五六四）八月四日付「上杉輝虎書状」と矛盾する。それによれば佐野昌綱が上杉方についたが、程なくその帰属を反故にしてしまったこと、種々詫び言を言ってきたので、数多くの人質をとったと記す（謙信公御書『上史』四二九）。つまり史料Bは永禄七年であり、永禄一〇年は成り立たないのである。また関連するAも同年となろう（『越佐史料』も永禄七年とする）。このことから、上杉輝虎が飯山城普請をほぼ終えるのは永禄七年八月七日（謙信公御書『上史』五七九）、一〇月には普請がすべて終了した（上杉定勝古案集『上史』四三六）。これに対し信玄は市河信房に対し越後の様子を、念を入れ注進するように命じた（『歴代古案』『戦武』一〇九八）。

次に史料Cをみてみよう（河上文書『上史』四四〇）。

C（前略）すなわち越中衆へ申付、尚以って心元なき由ニ而、信州へ出馬、河中島に至り七月以往六十日に及び籏を立て、甲州相押さる故、江間時盛御悃望証人相渡され、御一和（後略）

上越市史	越佐史料	そ の 他	本 書	文 献
—	—		天文22年	大木2020
弘治３年	弘治３年	弘治２年上杉家御年譜 弘治３年謙信公御書集	天文22年	新潟県立歴史博物館図録　村石2022
弘治３年	弘治３年	弘治３年謙信公御書集	天文22年	新潟県立歴史博物館図録　村石2022
弘治３年	弘治３年	弘治３年謙信公御書集	天文22年	新潟県立歴史博物館図録　村石2022
—	—		天文22年	米山一政著作集
—	—		天文24年	本書
—	—		天文24年	本書
—	—		天文24年	本書
—	—		天文24年	本書
天文23年	弘治２年	弘治３年御書集	弘治２年	今福2018
天文22年	—	永禄４年謙信公御書集	弘治２年	松澤2011
弘治３年	永禄４年	天文24年謙信公御書集	弘治２年	本書
永禄10年	—	天正５年謙信公御書集	永禄７年	本書
永禄10年	永禄７年	永禄６年御書集　謙信公御書集永禄７年	永禄７年	本書
永禄９年	永禄７年	永禄９年御書集	永禄９年	高梨2007は永禄７年とする
永禄７年	永禄７年		永禄10年	村石2023
永禄７年	—		永禄10年	村石2023
—	—		永禄11年	本書

表5　年代比定を変更した文書一覧

番号	月　日	文　書　名	宛　　所	信濃史料	戦国遺文
1	3月21日	武田晴信書状	大日方主税助殿	弘治元年	天文24年
2	8月29日	長尾景虎感状写	南雲治部左衛門とのへ	弘治3年	—
3	8月29日	長尾景虎感状写	大橋弥次郎殿	弘治3年	—
4	8月29日	長尾景虎感状写	下平弥七郎殿	弘治3年	—
5	8月8日	武田晴信書状	真田弾正忠殿	弘治2年	弘治2年
6	4月5日	武田晴信書状	倉沢中務少輔殿	弘治3年	弘治3年
7	卯月25日	武田晴信書状	寺尾刑部少輔殿	—	弘治3年
8	卯月28日	武田晴信書状	神長殿	—	弘治3年
9	7月6日	武田晴信書状	小山田備中守殿	—	弘治3年
10	3月23日	上野家成書状	本庄新左衛門尉殿	—	—
11	7月3日	直江実綱書状	高梨殿参人々御中	弘治3年	—
12	8月4日	長尾景虎書状	越前守殿	永禄3年	—
13	8月7日	上杉輝虎書状	太田美濃守殿	—	—
14	極月2日	上杉輝虎書状	游足庵	—	—
15	3月10日	足利義輝御内書	上杉弾正少弼とのへ	—	—
16	10月20日	河田長親書状	河上中務丞殿	永禄7年	—
17	10月20日	上杉輝虎書状	河上式部丞殿	—	—
18	3月10日	武田信玄条目	岐阜江	—	永禄12年

—は不掲載もしくは年未詳扱い

十月廿日　　　　　　　　　　河田長親（花押）

河上中務丞殿

Cは信州出馬で川中島に六〇日間対陣したということ、飛驒国の江間時盛が人質を出してきたことで和議となったことが河田長親により飛驒国河上富信《かわかみとみのぶ》に伝えられたと記す。これが永禄七年塩崎での対陣を指すとするのが通説であった。しかし、前述のように、輝虎は春日山の蔵田五郎左衛門尉に「徒に数日を送る」と記すのみでとても六〇日も対陣したとは思われない。注目すべきはCの記述から、このとき長親は越中衆に指示を出していることがわかる。長親は永禄九年まで上野国沼田におり、その後遅くとも永禄一一年までには越中魚津城代となっている（栗原　二〇一〇）。よってCは永禄九年以後とみるべきだろう。とすると、永禄一〇年に輝虎が川中島へ出陣していた可能性は高くなる。このように塩崎での対陣（永禄七年）とは異なる「第六次」の合戦があったことは確実である。

蛇足ながら、Cを永禄一〇年とすると、同日で出された飛驒国衆河上式部丞に宛てた上杉輝虎書状を村上義清が伝達したことも同年のこととなる（村石　二〇一三）。

永禄一一年の対陣と宗教界

永禄一一年になると、北信濃情勢は左のように緊迫化していく。

正月二一日　信玄は四月に越後へ出陣することを蘆名《あしな》家臣小田切治部少輔らに伝える。

正月二四日　一向宗倉科本誓寺（長野市松代）に対し越後出陣の際は野伏二人を出すよう命じる。

二月一八日　足利義氏が古河から太田筋へ馬五疋人足五人の過所を勝願寺へ与える。

三月二日　信玄は信越国境出陣にあたって甲信両国の寺院に祈禱を命じる。

四月二一日　信玄が塩田諏訪社（上田市）に社領を寄進し、越後境の新地築城の無事を祈願させる。

四月一八日　信玄、野尻城（信濃町）を落とし城主以下を討ち取る。

五月一一日　信玄、武運長久の祈禱を禰宜山田与太郎に命じる。

六月三日　信玄、越後に攻め込むため、大井弾正忠に出陣を命じる。

六月四日　諏訪社上社神長官《じんちょうかん》守矢信真《もりやのぶざね》に戦勝を祈らせる。

七月六日　一向宗康楽寺（長野市塩崎）に対し甲越両軍の寺内濫妨狼藉停止の禁制を与える。

七月一〇日　武田軍が飯山城を攻撃。
七月一七日　輝虎が「島津境」（千曲川河北）まで出陣し、信玄は蘆田《あしだ》氏に小諸まで出陣するよう命じる。
八月二日　越後出陣の際には野伏二人を出すように一向宗康楽寺へ命ずる。
八月四日　山県昌景が大井法華堂（佐久市）等佐久・小県郡二二名の山伏に祈禱を命令する。
八月一〇日　飯山在番衆より武田軍が長沼（長野市）に集結し飯山攻城の兆しありと輝虎に報じる。
八月一二日　越後出陣に対する祈禱を伊那郡安養寺（飯田市）衆徒に命じる。
一〇月二日　信玄が一向宗西厳寺（長野市長沼）に対し越後勢が出陣したら野伏一人を出したうえで海津入城を命じる。
一〇月二日　信玄が赤沼島津氏に対し本領安堵および長沼など新地を宛行う。
一〇月三日　信玄が長沼番衆・越後参陣衆の狼藉を停止する禁制を一向宗水内郡勝楽寺（長野市　現在は須坂市へ移転）等に発給。

このようにみると、上杉氏は飯山城を、武田氏は長沼城を拠点として双方で競り合っている。武田氏は「島津境」まで出張った越後勢に対抗するため出陣命令を出す一方、一向宗寺院に対しては野伏動員令を出した。神官や山伏に対しては祈禱を命じた。例えば佐久郡の本山派修験大井法華堂など二二名に対して、山県昌景は信玄への祈禱を専らにすることで普請役を免除することを認めている（大井法華堂文書『信史』一三、一三二）。

前述したように、山伏は客僧として大名間の情報伝達に活用されている。また、呪術者として戦いの吉凶の占筮をおこなったという。なお、永禄一一年の長沼城修築に際して、「長沼の城を取り給ふ時、普請中障碍なき為に、判ノ兵庫助に信州水内郡にて百貫の所領を下され、信州戸隠において祈念成され候」とある（『甲陽軍鑑』品第三四）。判ノ兵庫助のように修験の祈禱が頻繁におこなわれていたのだろう（小和田　二〇〇七年）。

このように永禄一一年八月には飯山城をめぐり合戦がおこなわれている。そして信玄は長沼城を前線基地として、宗教界あげて戦時体制に協力させようとしたのである。

永禄一一年の一向宗動乱

永禄一一年の戦いでは、信玄は一向宗と結びつき輝虎を脅かしている。永禄一一年四月、一向宗長延寺の実了《じつりょう》師慶《しけい》は本願寺顕如の依頼を受けて越中国瑞泉寺の坊官上田石見守のもとに派遣されている（埴生八幡宮文書『戦武』一二五七）。七月には神保氏と椎名氏が和睦したため、実了は一向宗勝興寺

（富山県高岡市）に越後国侵攻の取りまとめを依頼する際の使僧となり（勝興寺旧蔵文書『戦武』一二九四）、八月信玄は石見守に実了の世話を依頼した（埴生八幡宮文書『戦武』一三一〇）。このように実了は越中国内で反上杉勢力の調略をおこなうキーパーソンであった。

信玄の次男龍芳《りゅうほう》は盲目であったため出家し一向宗の長延寺に入った。実了の娘はこの龍芳に嫁いでおり顕了道快《けんりょうどうかい》を産んだという。丸島和洋氏は、このような婚姻関係の背景として信玄が龍芳の養育を実了に委ねていたことがあるとする（丸島 二〇一二）。いずれにしても実了と武田氏は親類関係にあった。永禄一一年の越中動乱においては越中国から上杉領への一向一揆侵攻の取りまとめる使僧を務めているのはこうした事情があるだろう。なお長延寺領は甲斐国岩崎村（山梨県甲州市）が本貫であり信濃犬飼郷も有していたという。この信濃犬飼郷は安曇郡（安曇野市）・伊那郡犬飼郷（比定地不明）・水内郡犬飼郷（飯山市瑞穂）のいずれかに比定される。天正一〇年、武田氏滅亡後に上杉景勝により顕了が保護された可能性も指摘されている。とすればその場合、上杉領との関わりから長延寺領のあったのは北信濃の飯山である可能性もある（丸島 二〇一二）。

このようにみると、永禄一一年の飯山周辺の一向宗の動向は、実了によって進められた対上杉政策の一環として捉えられるだろう。輝虎も島津境まで出兵したとみられるから、両軍の動きは広い意味での川中島の戦い（対陣）に位置付けることができよう。そしてこの年をもって川中島の戦いは終結する。

足利義昭と甲相越三和

川中島の戦いがいかに終了したのか。この構図を理解するため室町幕府最後の将軍足利義昭について触れなければならない。義昭は、慶寿院と足利義晴との間の次男であり、近衛稙家猶子《ゆうし》（養子）として一乗院門跡となった覚慶《かくけい》のことである。仏門に入った覚慶は、永禄八年五月、兄を殺害した三好氏らの勢力によって幽閉された。その後、大覚寺義俊らの主導で将軍継嗣に擬せられ、逃亡生活に入った（渡邊　一九一八）。近衛家にとって、将軍家外戚としての立場を保持するためには、三好氏の推す堺公方義栄《よしひで》では困る。一族である覚慶の血筋は申し分なかった。覚慶を奈良から脱出させることを推し進めたのが朝倉義景であった。この経緯が大覚寺義俊を通じて覚慶の御内書とともに輝虎へ伝えられた（上杉家文書『上史』四六八）。さらに覚慶は義秋（のち義昭。以下義昭と統一）と名を改めた。永禄九年三月、輝虎に対して、北条との和議を命ずる御内書を発し、義俊に伝達させた（『上史』四九三）。輝虎が義景と連携して加賀に出兵すること、一向一揆を破り上洛して義昭を京都へ奉戴させることを期待した内容であった（渡邊 一九一八）。

しかし輝虎はこのとき関東へ出兵しており苦戦していた。五月九日、自身を鼓舞するごとく願文を認めた。そこには義昭の期待に応じようとする輝虎の真情が吐露されている。「輝虎、神力・仏力を添へられ、信州・甲州当秋中に一宇《いちう》なく焼き放ち、輝虎旗馬を甲府にたて、即時に武田晴信退治の事」「武田晴信退治、氏康・輝虎真実に無事を遂げ、分国留守中気遣いなく、天下へ号令せしめ、筋目を守り諸士談合致し、三好・松永が一類頭《こうべ》を刎《は》ね、京都公方様・鎌倉公方様取り立て申す」と仏前へ願文を奉納した（上杉家文書『上史』五一一。一部ひらがなを読みやすく漢字に直した）。輝虎は信玄を倒し、北条との和睦を進めることで後顧の憂いなく上洛すること、そして義昭とともに古河公方足利藤氏《あしかがふじうじ》を奉戴することも述べている。しかし、戦況は思わしくなく、関東計略の要である厩橋の北《きた》条《じょう》高広《たかひろ》など関東諸士は続々と上杉陣営を離脱していった。そのような状況であっては上洛など望むべくもなかったのである。

信玄との対立が輝虎上洛の障害となっているとみた義昭は、永禄一〇年、信玄も含めた甲斐・相模・越後「三ヶ国和睦」による停戦と、輝虎の速やかな上洛を求めた。さらに、場合によっては義昭自身が越後へ下国するとも述べている（上杉家文書『上史』五五〇・五五二）。七月には、聖護院道澄、大覚寺義俊など、近衛一族でもある側近公家衆を通じて参陣を求めている（庄司氏所蔵文書・上杉家文書『上史』五六九・五七四）。義昭の和睦命令は北条氏にも届いた。北条氏政は使僧森坊増隆《もりのぼうぞうりゅう》（聖護院僧）を通じて、信玄への下知が鍵であると義昭の近臣細川藤孝《ほそかわふじたか》に返答している（上杉家文書『上史』五八一）。森坊は聖護院門跡道増の使僧で、弘治三年停戦命令の御内書を甲斐・越後へ伝達していたことはすでにみた。

輝虎は、この年には飯山城をめぐって信玄と対陣していたことから上洛は困難であった。義昭は一〇月、越前国一乗谷の朝倉義景のもとへ移った。

この三カ国和睦については翌永禄一一年三月六日付「足利義昭御内書」に結末が読み取れる。義景を取次とした御内書によれば「度々仰せられ候越・甲・相和与の事、両国に対し堅く申し遣すの処、請状《うけじょう》の旨よろしかるべく候」「御請《おうけ》の趣、よろしかるべく候」（『上史』五九六・七）。ここでいう請状とは、了承する意味であるから、武田・北条両氏ともに和議を承諾したことがわかる。確かに信玄は信長に対して「越・甲和与に就き御内書を成され候、即ち御請に及び候」と述べている（妙興寺文書『戦武』一二七六。ただし『戦武』は永禄一二年の文書と見ているが、その前年が正しい）。

しかし信玄は戦端を止めたわけではなかった。信玄は飯山城攻略のため輝虎家臣村上城主本庄《ほんじょう》繁長《しげなが》の内応を進め、繁長は呼応して挙兵した（安養寺文書『戦武』一二七六）。信濃・越中の一向宗の門徒を扇動し、飯山城周辺での戦闘がおこなわれていることはすでにみた。輝虎も上倉下総守《かみくらしもうさのかみ》など飯山城を警固する外様衆に対して「四度計《しどけ》なき仕合出来」と無造作な守備を叱責している（伊佐早文書『上史』六〇四）。

信玄は和議についても意識はしていたとみられる。この和議が報じられた直後の四月、信玄の嫡男義信（前年一〇月自害）の正妻（嶺松院《れいしょういん》）が生家である今川家に返された。これは甲・相・駿三国同盟の一端である駿河国との断交を意味した。信玄は三河の徳川家康に大井川を境界として今川領の分割を提案した（藤木　一九八五）。八月に陣触れを出し一二月には実際に駿河国へ侵攻を開始した。対する氏真は同盟関係にある北条氏康・氏政の支援を受け、武田氏と断交した。今川氏真は輝虎に同盟を働きかけ（謙信公御年譜『上史』六三一）、北条氏は一転して上杉氏に対して和議を求めた（志賀槇太郎氏所蔵文書『上史』六二八）。交渉を重ねて越相同盟が成立したのは翌年四月のことである（上杉家文書『上史』六九六）。ここに至り川中島の戦いの一方の基軸三国同盟が崩壊した。信玄の川中島への出兵は永禄一一年八月が最後となった。信玄は輝虎と停戦し、南進政策へと転じた。

川中島の戦いはこの年に終結したのである。

織田信長の上洛

甲越和議の推移について関心をもっていたのは織田信長である。永禄一〇年に美濃国を平定していた信長は、翌一一年七月義昭の要請を請け、越前から義昭を迎えることになった（上杉家文書『上史』六〇九）。信長は輝虎に次のように述べる。

「甲州より和親あるべきの旨度々申し越され候、しかりといへども今に入眼なく候」

甲斐国から親しくしようと度々言ってきますが未だに実現していません（『歴代古案』『上史』六〇八）。

「越・甲御間の儀、和談申し噯《あつか》いたく候といへども、貴辺測りがたきにより遠慮せしめ候」

越後・甲斐両国の和議について仲裁したいのですが、そちらの様子が分からないので遠慮していました（『歴代古案』『上史』六〇八）。

「越・甲無事に属す事、互いに意趣を抛ち天下の儀御馳走希むところ候」

越後・甲斐両国が平穏になり、お互いに我意を捨てて義昭が入京なさるために走り廻ることを望んでいます（志賀槇太郎氏所蔵文書『上史』六一〇）。

義昭を美濃へ迎えていた信長は、輝虎を通じて情報収集をおこなっていたことが知られる。しかも、信長は義昭の意を受け、甲越和議の取りなしをおこなっていた。その上で、義昭の上洛に供奉する形で九月二七日に入京した。このとき、武田氏と北条氏が新たに対立し、北条・上杉氏との間で和議交渉がおこなわれていた。川中島の戦いも停戦状態になっている。永禄一一年下半期は、甲信地域の同盟関係が大きく一変する過渡期となっていた。信長の上洛は、まさにその間隙のなかでおこなわれた。川中島の戦いは、義昭と信長の動きによって終わったといえよう。

川中島の戦いは信濃に何を残したか

天文二二年から永禄一一年の飯山城の攻防を含めれば約一五年。当初は信濃を侵攻した武田氏と、関東管領上杉氏・村上・小笠原連合による対立構図があり、さらに信濃諸領主の還住を目指した長尾氏がこれに加わった。天文二三年の三国同盟締結により、さらに構図がはっきりとする。大局的にみれば、武田・北条・今川の三国同盟勢力とここからはじき出された関東管領上杉氏や前信濃守護小笠原氏、村上氏ほか信濃諸領主を受け入れた越後長尾景虎という南北間の勢力対立の双方のフロントラインがまさに「川中島」であったのである。また、一向一揆の動きをめぐる越中、加賀の動向とも連動したものとして川中島の戦いを見る必要がある。

こうした地域の私戦に対して、幕府将軍が御内書を発給し、度々停戦を試みている点にも注目したい。特に義輝、義昭の側近公家衆としての近衛家がこうした外交を担っていたことが知られる。長尾氏は近衛家と近く、永禄二年には足利一門の家格に準じられた。景虎はこうした秩序の中にどっぷり浸かる。したがって大名間の調停者という足利将軍家の価値を最大限に活用したといえる。対極的に信玄は幕府や足利将軍家に対して、景虎ほど価値感を見出していなかったように思える。

結果的には信玄は河北の長沼城と河東の海津城を拠点として奥郡を実力で圧迫していった。輝虎の勢力は最終的に北信濃で飯山城を死守するのみに後退する。その版図は、永禄一一年の停戦以降両者が緊張しながらも、輝虎が天正六年（一五七八）に没するまで基本的に変化はなかった。

大きく版図が変化したのは、輝虎の後継をめぐる争い（御館《おたて》の乱）を有利に進めるために、輝虎の甥上杉景勝が信玄の跡を継いだ武田勝頼《かつより》と天正七年に和議を結んだことによる（甲越和与）。景勝は勝頼に飯山領を割譲したことによって、武田氏にとって初めて奥郡全域を含む信濃一国が領国となったのである。飯山領は勝頼により再検地がおこなわれ知行地が確定した。飯山領の国衆はまさに「平和的」に勝頼に従属することになる。なお、輝虎に庇護されていた上杉憲政は、この乱で落命した。川中島の戦いの発端とも言うべき憲政であったが、その死は、まさに一つの時代の終わりでもあった。

天正一〇年、武田氏が滅亡するとこの地域は織田信長の支配下となり、国割をおこなった結果、四月に森長可《もりながよし》が奥郡に代官として入部した。しかし本能寺の変を経て、再度この地が大名間の争奪の場となった。上杉景勝・北条氏政・徳川家康が奥郡へ進出を図り戦闘がおこなわれた。さらに小笠原貞慶《さだよし》・真田昌幸《まさゆき》といった信濃の領主もこれに加わる。この天正壬午《じんご》の乱により、奥郡は上杉領国となり、国衆の多くは景勝の家臣となった。領地を追われた村上義清の子国清《くにきよ》が、満を持して帰還し海津城将となったのは象徴的な出来事である。

慶長三年（一五九八）、彼らは豊臣秀吉の会津国替え命令により景勝とともに東北へ移っていった。秀吉は土地と武士とを切り離し、中世以来の領主的な武士の性格を根絶させる、いわば根切りを進めた。会津移封は北信濃の戦国時代を名実ともに終わらせるものだった。

あとがき

二〇二三年（令和五）三月一七日のニュースは伝えた。国際刑事裁判所（オランダ・ハーグ）は、ウクライナを侵攻するロシアのプーチン大統領が、孤児を救うとの名目でおこなってきたウクライナの子供の強制移送について、戦争犯罪にあたるとの判断を示した、と。時はさかのぼり一五六六年（永禄九）。越山した上杉輝虎は激戦の末、小田城（茨城県つくば市）を開城させ、人の売買がなされた（別本和光院和漢合運『越佐』五五三）。混乱するなか勝者が敗者を生け捕り、城下は人身売買の場となったのである。藤木久志氏は、「城は民衆の避難所」といい、大名は敵が襲ってきたら領民を領域の城に避難させたことを明らかにしている。落城すれば、避難民が「人取り」され、商人を通じて市場で売買された。そのなかには女衆や子供が大勢いたのである（藤木　一九九五）。現代と戦国時代がオーバーラップする。あとがきを書く現在においても、この戦争が終結する気配はまったくみえない。

『吾妻鏡』や四鏡（『大鏡』・『今鏡』・『水鏡』・『増鏡』）など、歴史はしばしば鑑《かがみ》（鏡）に例えられる。「鑑」は、見る人にとって、ある時は手本となり、ある時は戒めとなり、自らの教訓となる。このような「鑑戒《かんかい》思想」は、「現在の自分が見たい自分を過去に読み込み、自己確認をしているにすぎない」として近代歴史学では低い評価であった。しかし、どんなに科学的方法論に基づく場合でさえ、あらゆる歴史認識は、自己の現在の立場に発する問題関心と切り離せない（林　二〇一八）。「鑑」の見え方（歴史認識）は、現在の自分の置かれた立場や環境による自己意識と切っても切り離せないのである。したがって現在の課題や問題関心から「歴史」の見え方が違ってくる。

過去の鑑像を手がかりに、現在、そして私たちの子孫の社会がより良いものになることを願い、そうあるように行動しようと考えるのは、素朴ではあるが今も昔も変わりない。逆に、問題意識・課題と歴史を学ぶこととがリンクしなければ、果たして歴史を学ぶ意義はどこにあるのだろう。

歴史を学ぶことは、常に「鑑」を前に他者を通して自分を相対化する営みでもあると思う。小川幸司《おがわこうじ》氏は、過去の記憶を「忘却するのではなく、それを立体化させることで語り継ぎ、人間に対する見方を鍛えていく営み」として、歴史学習の本質をとらえた（小川二〇二三）。過去は忘却されるものである。しかし実際に起こった過去の出来事（小川氏はファクトという）を、今まさに自分自身の問題としてとらえられた瞬間、この「ファクト」が立体化され、様々な歴史叙述の吟味を通じて「相対化された歴史」（小川氏は「私が叙述した歴史」という）として認識されていく。川中島の戦いが現代社会とどう通底しているのか、私たち一人一人が考えることができるだろう。そこから単なるロマンや英雄譚に留まらない「練り上げられた歴史像」が生み出されていくのではないか。

過去を見る目が鍛えられれば現代を見る目も鍛えられる。すなわち歴史は常に今に直結する現代史なのである。だからこそ学校における歴史教育や、博物館の展示会、市民公開講座などは、市民が歴史に近づき思索する重要な営みのはずである。本書を執筆しながら、自分自身がそのような仕事の末端に携わっていることについて、常に自覚的でありたいと感じるのである。

吉川弘文館の堤崇志氏より本書執筆のお誘いを受けたのは二〇二一年七月末。コロナ禍のパンデミックの中で東京オリンピックが一年延期の上で開催された直後だった。職場での差し迫った業務もあり、当初は気乗りがしなかった。ただ、勤務している職場で川中島の戦いに関わる文書をここ数年で数点購入する機会があったことから、それらを史実に位置づけながら紹介してみることもありかな、と思いお引き受けした。従前、上杉謙信の川中島の戦いに対するスタンスや合戦の対立構図についても、ステレオタイプ的なものから脱却できないか、と考えていた。例えば、果たして信玄によって在所を追われた北信濃の諸領主たちの懇望があって謙信は出陣したのだろうか、という疑問である。その意味で川中島の戦いの発端もいますこし検討の余地があるのではないか、と考えた。謙信が義のために出陣したとは到底思えない。本書はこれらの疑問を自分なりにまとめたもので、内容は筆者の能力の不足を痛感せざるを得ないものだが、意図をお酌み取りいただきご海容願いたい。

川中島の戦いに関係する文書の多くは無年号である。これらの年代比定やそれにもとづく叙述は、先学の研究のたまものであり、諸先輩方には畏敬の念を禁じ得ない。特に、基礎史料集の充実は、研究者だけでなく、活用する市民にとって大きな財産である。かような先学の遺した研究に導かれて本書ができたことは間違いない。井原今朝男《いはらけさお》先生にはこの本のベースとなる諸論点について、折に触れご教示をいただいた。感謝申し上げたい。思えば高校一年の時、先生から頂いた年賀状の返事に「真理は我等を自由にする」とあった。

もちろん「国会図書館法」の前文に引用された聖書の一文であるということなども知らない一五歳は、怠け癖を見抜いた先生から「勉強をしっかりやりなさいよ」と言われたようで温かくも怖い励ましとなった。

一冊の本をまとめるということは、一つの作品を作ることである。したがって、他の人と同じような作業を繰り返しても意味はないし、独自性がなければ本の価値もない。笹本正治《ささもとしょうじ》氏『武田信玄』（ミネルヴァ書房）のあとがきに書かれたこの言葉が自らの頭の中を周回する。果たしてこの本が「本」たる価値があるのか、と自問を繰り返す。ルソーは、自分が出した告白『懺悔録』を携え、最後の審判を待つと言った。「本」を出すということは、言うなれば同時代者の審判を受けるということである。

末尾にあたり、職場の長野県立歴史館笹本正治特別館長・塩沢宏昭館長を始めとする館職員には厚く感謝申し上げたい。筆者の所属する諸研究会や、講演会、非常勤の講義等で本書のベースとなる構想を発表してきた。その度に貴重なご意見をいただいた皆様には日々の学恩に感謝申し上げる。吉川弘文館の堤崇志、森成史両氏には編集を丁寧にしていただきありがたかった。多謝。

私事であるが、休日や夜の執筆という、家庭的には決して喜ばれない仕事に対し、理解を示してくれている家族に対して改めて御礼を述べたい。

いつも最新の研究をお送りいただき、怠惰な筆者に励ましをいただいた故柴辻俊六先生の御霊前に謹んで本書を捧げる。

令和五年一二月　八二年目の開戦の日を前にして

村石正行

関連年表

年	武田信玄関係	上杉謙信関係
天文一七（一五四八）	二・一四上田原の戦いで村上義清に敗れる　七・一九塩尻峠の戦いで小笠原長時に勝利する　八・一〇戦勝祈願で諏訪上社へ太刀を奉納	二・一四上杉憲政が村上氏と連携し晴信と対抗　一二・三〇長尾家の家督を継承する
天文一八	四・三佐久郡春日城を落とす　九・四佐久郡平原城を放火する	
天文一九	四・二〇後奈良天皇の宸筆の経典を浅間神社へ奉納する　七・一五筑摩郡林城を落とす　七・一九深志城の鍬入をおこなう　九・九～一〇・一小県郡砥石城を攻めるが敗れる（砥石崩れ）	
天文二〇	二・五浅間神社に府中攻略の成功を感謝し社領を寄進する　五・二六砥石城を攻略する　一〇・二四筑摩郡平瀬城を落とす　安曇郡小岩岳城を放火	
天文二一	一・二七高遠頼継を自刃させる　八・一二安曇郡小岩岳城を落とす	
天文二二	三・二一大日方美作入道の戦功で千見城を攻略したことを褒賞する　四・九埴科郡葛尾城が自落する　四同狐落城を大須賀久兵衛尉らが攻める　四・二三更級郡八幡で戦う　八布施の戦いで大須賀久兵衛尉が戦功を	八上野原合戦の感状が発給される　九・一八埴科郡坂城南条に放火する　一二上洛する

	あげる 八上野原の合戦か	
天文二三	七・二四信州に出馬する 八・六佐久郡内の要害を落とす 八・一五伊那郡知久郷を放火する 九・二六佐久・伊那郡を攻略したこと、来春に奥郡に出馬することを報じる	
天文二四 弘治元 （一五五五）	四・一三今川義元の兵とともに信濃へ出兵する 四・二五内田監物を更級郡佐野山城へ在城させる 四・二五寺尾刑部少輔の山田城攻略を賞し佐野山城まで出陣することを約す 四・二八守矢頼真らに十日以内の勝利を祈らせる 六・二〇大日方主税助の奉公を賞し庄内分を出し置く 七・六東条・綿内・真田幸綱と談合して油断なきよう小山田虎満に指示する。 七・一三清野左近太夫に綱島再興を命じ、併せて清野郷・上野郷等を安堵する 七・一九長尾景虎と川中島で戦う 根々井右馬允等へ感状 八木曽郡を攻撃する 九・一〇諏訪上社守矢頼真に対し戦勝祈願を依頼する 閏一〇・一五今川義元の仲介により和談成立する	四・一三出陣、善光寺着陣 この頃旭山要害に対置する新地として葛山城を構築 七犀川を渡河し武田軍と戦う 一〇家臣団の統制を図るため誓詞を提出させる このころ善光寺本尊を春日山城下へ移すという
弘治二	一・一三浅間神社などに筑摩郡小松郷を寄付する 八・八真田幸綱に対し尼巌城の攻略を督促する	六・二八武田晴信と和睦したことを伝える。出奔する意思を越後国長慶寺の天室光育に伝える 八大熊朝秀が挙兵し甲府へ出奔 八・一七出奔を翻意する

弘治三	二・一五水内郡葛山城を落城させ感状を諸将へ発給する 二・二一厳詢が晴信のもとを訪れて文永寺につき訴える。三・一四3月11日越後衆が出張る情報を得て信濃へ出陣することを高井郡原左京亮・木島出雲守に伝える 三葛山城攻撃の感状を発給 三水内郡飯山城を攻撃する 三・二八仁科千日大夫の所務を安堵する 四・一三鳥屋へ島津勢が加勢したことなどが伝えられる 足利義輝から信・越国切和融を命じられる（弘治三年停戦命令）六・一三諏訪上社の神力により敵退散をするよう神長へ祈らせる 六・一六上州衆が加勢し越後衆が滅び晴信の本意が達せられる旨を市川藤若に伝える 六・二三市川藤若に対し、野沢に出兵した景虎と和融せず飯山に帰陣させたことを喜ぶなど山本菅助に口上させる 七・五小谷で越後軍と戦い6日後に感状を発給	一・二〇更級八幡宮に晴信の討伐を祈願する 二・一六中途まで出陣する 三・二三飯山城の高梨政頼が救援を求めたため、出兵する 四・二一善光寺に兵を進める 四・二五山田要害・福島の地を攻略する 四・二五旭山要害を再興する 五・一〇元隆寺に戦勝祈願する 五・一三香坂城を焼き払う 五・一二坂木・岩鼻を攻略する 六・一一飯山に着陣し市川藤若と和融を企てる
弘治四 永禄元 （一五五八）	一・一一正親町天皇より文永寺などの再興を命じられる このころ信濃守護となる 八水内郡戸隠社に長尾景虎との戦いの戦勝祈願を祈らせる 九善光寺如来が甲府へ着く 一一・二八将軍足利義輝に信濃出兵の弁疏をおこなう	
永禄二	二出家し信玄を名のる。甲斐善光寺が建立され善	四上洛し足利義輝と面会 六・二六足利義輝より書状封

	光寺如来が安置 五松原神社に戦勝祈願をおこなう 六・二六足利義輝が戦闘を停止するよう信濃諸将へ命ずる 九・一下之郷神社へ願文を奉納	紙の裏書免除、および塗輿使用を許される 上杉憲政の進退・信濃国仕置について景虎が意見を求められる 一〇・二八これより先関東管領に命じられ京都より帰国し就任の祝いが信濃諸将より贈られる
永禄三	九奥郡出兵につき願文を松原三社へ奉納する 一〇・一七本願寺顕如に対し景虎の留守に乗じて越後国に侵攻するように依頼する	一正親町天皇即位式のあと近衛前嗣が越後へ下向 四越中出陣 八・二五関東出陣にあたり、高梨政頼に合力するように留守諸将に命じる
永禄四	三・三日北条氏康から援軍を要請される 四・一一碓氷峠を越えて松井田まで出陣、借宿に放火する。 五・二八鰐ヶ嶽城を攻め、上倉城を落とす 七・一六一向宗を扇動し春日山城へ乱入させようとする 九・一〇川中島で戦う 一〇・三〇高井郡市川城・水内郡野尻城の落居を待って清水寺成就院へ万疋の地を寄進することを約す 一一・二北条氏康の支援するため上野国へ出兵に際し松原社へ戦勝を祈願する	三・七小田原城を包囲する 閏三・四足利義輝が、小笠原長時の信濃帰国を助けるよう命じる 小笠原貞虎が下国 閏三・一六関東管領上杉氏を継承し上杉政虎を名乗る 六・二足利義輝が関東の戦功を賞する 六・二八越後へ帰国 八・二九信濃への出兵のため後事を長尾政景に依頼する 九・一三川中島合戦 将士に感状を発給（血染めの感状） 一〇・五近衛前久が政虎の勝利を祝賀する書状を出し関東への援兵を要請 一二再度関東へ出陣 年末輝虎へ改名する
永禄五	三・二四大須賀久兵衛に対して徘徊人の還住を命じる	二越後へ帰国する 三・一五春日山城下の警護を強化する 八近衛前久が京都へ帰国
永禄六	八・一五水内郡長沼の地下人等を還住させる	八・二七桃井義孝等を飯山城代とし、泉弥七郎等を援けて城を守らせる

永禄七	三・一八水内郡野尻城を攻略する 四・二〇再度野尻城を攻略する 五・一七上野から佐久郡平原に兵を戻す 五・二四大井左馬允入道の軍役を定める 七・一九諏訪上社大祝に武運長久の祈念を依頼する 八・二四この日までに更級郡塩崎に兵を進める 一〇・二五上杉氏の上野国沼田への出陣に備え小諸城の警戒を厳しくさせる 一〇・二七真田幸綱に対して上杉氏への警戒を命じる	五・一三飯塚八幡宮に晴信を退治し晴信の分国を入手すべきことを祈願 五・七野尻城を奪回する 六・一四兵を信濃に出す旨を家臣に報じる 六・二四上杉輝虎、信玄の悪行を弥彦社へ報じる 八・一信玄の撃滅を更級郡八幡社に報じる 八・四川中島に着陣、佐久郡進撃にあたり北条氏康を牽制するよう佐竹義昭に依頼 八・二四高梨修理亮に対し越後善光寺町居住の信濃人の放火等を取締る 九・五直江実綱、武田信玄の軍に備えて水内郡旭口等の敵情を深らせる 一〇・一飯山城の普請を終え春日山城へ帰る 飯山へ出陣
永禄八	三・一三上野国岩櫃城に移るよう清野刑部左衛門尉に命じる 二・七上野国箕輪城の攻略を諏訪上社に祈願、新海大明神に願文を出す 一一・二諏訪社上・下両社をして、祭礼を再興せしむ	一・八沼田城の守備を厳しくさせる 四・二四越後柏崎に兵を進め、河田長親・村上国清等を上野国長井に出陣させる 六・二四越後愛宕社に願文を納め、武田信玄の討滅を祈る、六・二五長野業盛を援け自らも信濃に出陣し信玄を牽制する旨を報じる 七・三武田信玄牽制のため、明日信濃に攻め入るべき旨を報じる
永禄九	三・一三甘利昌忠への安西伊賀守の書状を岩村田で披見。武州出陣 八・二三家臣に対し下之郷大明神（生島足島社）に起請文を捧げ信玄に異心なきを誓わせる 八・二六兵を信濃・越後の国境に進め本願寺光	三・一〇足利義秋、大覚寺義俊を派遣し北条氏康と和睦し上洛を命じる 五・九信濃・甲斐を平定し、上洛して天下を静謐させることを祈願する 加賀出陣

	佐が信玄に謝意を送る　閏八・一九禰津・望月等の諸士を同国長野原城に遣わして越後勢に備えさせる。高井郡仁礼口関守に対し、鎌原重澄の荷物を勘過させる	上野沼田に着陣し、吾妻郡を攻めようとする
永禄一〇	三・二六大館晴光、三国和睦工作を進める　八・七下之郷大明神に家臣の起請文を提出させる　一〇・一六水内郡飯縄社に長刀を寄進、佐久郡松原諏訪社に長刀を寄進	二・二四足利義昭、越相甲の和談を要請する　一〇・二〇信州へ出馬し、川中島に至り七月から六十日に及び対陣する　飛騨国衆河上式部丞に宛てた書状を村上義清が伝達する
永禄一一	三・二信越国境出陣にあたって甲信両国の寺院に祈禱を命ずる　三・一〇越後との和与の御内書を承諾した旨を織田信長に伝達　四・八野尻城（信濃町）を落とし城主以下を討ち取る。　四・二一小県郡塩田諏訪社に社領を寄進、越後境の築城の無事を祈願する　六・三越後に攻め入らんとし、大井弾正忠に出陣を命じる　諏訪社上社神長守矢信真に戦勝を祈らせる　七・六康楽寺に対し、甲越両軍の寺内濫妨狼藉の停止の禁制を与える　七・一〇飯山城を攻めて、これを落とす　七・一〇赤見源七郎が飯山で頸一つをとる　七・一七上杉謙信が島津境まで出陣したので小諸まで出陣するよう蘆田氏他に命ずる　七・一八千曲・犀川に渡を作り越後に出陣する旨を斎藤刑部少輔	三・六　足利義昭から甲相越和議を命じられる　四・一〇外様衆らに対して飯山城の警固を命ずる　八・一〇飯山の在番衆が武田軍が長沼に集結し飯山城を攻めんとすることを報じる　八・二七泉弥七郎に飯山実城の警固を命ずる　一二・一九北条氏照から甲駿断交の情報が来る　一二・二五今川氏真より同盟の申し出がある

	に告ぐ、八・二越後出陣の際には野伏2人を出すように康楽寺へ命ずる　八・四佐久郡の山伏22人に対し祈祷を命ずる　一〇・二島津孫五郎・西厳寺の所領を安堵する　一〇・三越後参陣の衆の乱妨狼藉を停止する禁制を水内郡勝楽寺等に与える　一二・三駿河国へ出兵	
永禄一二	九・吉小田原城を包囲　一一・一八葛山の地下人を還住させ、年貢等諸役を三年免除する　一二・一九上杉輝虎が沼田在城しており、自身も岩村田まで出馬すると伝える	一・二北条氏康より和議の申し出がある　一・二七今川氏真より信濃出兵を要請される　四・一越相同盟がこれ以前に成立　四・二〇甲越和議をさらに極めるように足利義昭から命じられる
永禄一三	四・一四沼田の上杉輝虎が五日の内に退散するので、信濃・上野の兵を集めて伊豆へ出兵すると伝える	四・一四北条氏政から信濃国出陣を要請される　四・二五北条氏康の証人三郎が養子となり景虎を名のる
元亀元(一五七〇)	九・九諏訪南宮大明神に上杉軍撃砕散亡の願文を出す	八・一三北条氏政から支援を要請される
元亀三		八・一八武田信玄が越後出兵との噂があり春日山城の警備を厳重にするよう命ずる

参考文献

史料集

『信濃史料』一一～一三・補遺編上、信濃史料刊行会、一九五九～六九年
清水茂雄・服部治則校注『武田氏史料集』新人物往来社、一九六七年
『岐阜県史史料編　古代中世』一、岐阜県、一九六九年
高橋義彦編『越佐史料』巻四、名著出版、一九七一年
『新編信濃史料叢書』八・一二、信濃史料刊行会、一九七四・七五年
『上杉家御年譜』全二四巻、米沢温故会、一九七六～八九年
『茨城県史料　中世編』三、茨城県、一九九〇年
酒井憲二『甲陽軍鑑大成　本文編』一・二、汲古書院、一九九四年
『山梨県史』資料編四～六、山梨県、一九九九～二〇〇二年
『戦国遺文武田氏編』一・二・六、東京堂出版、二〇〇二～四年
『上越市史』別編資料編一、上越市、二〇〇三年
『戦国遺文古河公方編』東京堂出版、二〇〇六年
『戦国遺文三好氏編』一～三、東京堂出版、二〇一三～一五年
『加能史料　戦国』一三～一五、加能史料編纂委員会、二〇一五～一七年

単行本

阿部能久『戦国期関東公方の研究』思文閣出版、二〇〇六年
池享『日本中世の歴史六　戦国大名と一揆』吉川弘文館、二〇〇九年
一ノ瀬義法『激戦川中島』信濃教育会、一九六九年
市村高男『戦争の日本史一〇　東国の戦国合戦』吉川弘文館、二〇〇九年
井上鋭夫『謙信と信玄』至文堂、一九六四年
井原今朝男『高井地方の中世史』須坂市立博物館、二〇一一年
今福匡『上杉謙信　義の武将の激情と苦悩』星海社、二〇一八年
海老沼真治編『山本菅助の実像を探る』戎光祥出版、二〇一三年
岡澤由往訳『甲越信戦録』銀河書房、二〇〇六年
小川幸司『世界史とは何か—「歴史実践」のために—』岩波新書、二〇二三年
奥野高広『武田信玄』吉川弘文館、一九五九年
小和田哲男『戦国軍師の合戦術』新潮文庫、二〇〇七年
笠松宏至『徳政令』岩波新書、一九八三年
北村建信『甲越川中島戦史』守硯社、一九三二年
栗岩英治『飛翔謙信』信濃毎日新聞、一九六九年
小林計一郎『川中島の戦—甲信越戦国史—』長野郷土史研究会、一九五九年
笹本正治監修『川中島合戦再考』新人物往来社、二〇〇〇年

笹本正治『武田信玄』ミネルヴァ書房、二〇〇五年
笹本正治『軍師山本勘助』新人物往来社、二〇〇七年
柴辻俊六『戦国期武田氏領の展開』岩田書院、二〇〇一年
柴辻俊六『武田信玄合戦録』角川選書、二〇〇六年
柴辻俊六『信玄と謙信』高志書院、二〇〇九年
柴辻俊六『戦国期武田氏領の地域支配』岩田書院、二〇一三年
柴辻俊六・平山優・黒田基樹・丸島和洋編『武田家家臣団人名辞典』東京堂出版、二〇一五年
柴辻俊六『戦国期武田氏領の研究　軍役・諸役・文書』勉誠出版、二〇一九年
柴辻俊六『戦国期武田氏領研究の再検討』岩田書院、二〇二一年
水藤真『人物叢書　朝倉義景』吉川弘文館　一九八一年
須坂市誌編さん室編『須坂市誌三』歴史編一　須坂市、二〇一六年
高橋修『異説　もう一つの川中島合戦』洋泉社、二〇〇七年
高橋一樹『動乱の東国史二　東国武士団と鎌倉幕府』吉川弘文館、二〇一三年
谷口雄太『〈武家の王〉足利氏』吉川弘文館、二〇二一年
長野県立歴史館編『信濃における戦国争乱の世界』長野県立歴史館、一九九五年
長野県立歴史館編『武田・上杉・信濃武士』長野県立歴史館、二〇〇七年
長野県立歴史館編『戦国小笠原三代―長時・貞慶・秀政―』長野県立歴史館、二〇一九年
長野市民新聞社編『川中島の戦いと北信濃』信濃毎日新聞社、二〇〇九年

長野市立博物館・真田宝物館編『川中島の戦い　いくさ・こころえ・祈り』長野市立博物館・真田宝物館、二〇〇四年
長野市立博物館編『北信濃の真宗門徒と武田信玄・上杉謙信』長野市立博物館、二〇一七年
羽賀祥二『史蹟論』名古屋大学出版会、一九九八年
馬部隆弘『椿井文書―日本最大級の偽文書―』中公新書、二〇二〇年
平山優『戦史ドキュメント　川中島の戦い』上下、学研M文庫、二〇〇二年
平山優『山本勘助』講談社現代新書、二〇〇六年
平山優『天正壬午の乱』学研、二〇一一年
福原圭一・前嶋敏編『上杉謙信』高志書院、二〇一七年
藤木久志『豊臣平和令と戦国社会』東京大学出版会、一九八五年
藤木久志『戦国史を見る目』校倉書房、一九九五年
丸島和洋『戦国大名武田氏の権力構造』思文閣出版、二〇一一年
丸島和洋『列島の戦国史五　東日本の動乱と戦国大名の発展』吉川弘文館、二〇二一年
峰岸純夫『中世災害・戦乱の社会史』吉川弘文館、二〇〇一年
森田真一『上杉顕定』戎光祥出版、二〇一四年
矢田俊文『上杉謙信』ミネルヴァ書房、二〇〇五年
山田邦明『戦国のコミュニケーション』吉川弘文館、二〇〇二年
簗瀬大輔『小田原北条氏と越後上杉氏』吉川弘文館、二〇二二年

吉野正敏『歴史に気候を読む』学生社、二〇〇六年
米山一政著作集刊行会『米山一政著作集二　古代中世の地域史』信濃毎日新聞社、一九九七年
渡邊世祐『武田信玄の経綸と修養』更級郡教育会、一九二九年

論文

井原今朝男「信仰と和歌」『うたのちから』国立歴史民俗博物館、二〇〇六年
大木丈夫「戦国大名武田氏の発給文書について」『武田氏研究』五四、武田氏研究会、二〇一六年
大木丈夫「大日方氏の千見城後略」『武田氏研究』六二、武田氏研究会、二〇二〇年
大場厚順「上杉謙信・景勝と越後の真宗教団」新潟仏教研究会編『なむの大地』考古堂書店、一九八八年
笠松宏至「室町幕府訴訟制度「意見」の考察」『史学雑誌』六九―四、史学会、一九六〇年
片桐昭彦「謙信と川中島合戦」池享・矢田俊文『定本　上杉謙信』高志書院、二〇〇〇年
片桐昭彦「越後守護上杉家年寄の領主的展開」『新潟史学』六三、新潟史学会、二〇一〇年
金井喜久一郎「市河文書雑記―釧路　市川家の文書概観―」『一志茂樹博士喜寿記念論集』郷土資料編集会、一九七一年
川口成人「都鄙関係からみた室町時代政治史の展望」『日本史研究』七一二、日本史研究会、二〇二一年
栗原修「戦国大名上杉氏の隣国経略と河田長親」『駒沢史学』六〇、駒沢史学会、二〇〇三年
柴辻俊六「山本勘助の虚像と実像」『武田氏研究』三六、武田氏研究会、二〇〇七年

柴辻俊六「第三次川中島合戦の上野原の地について」『戦国史研究』六七、戦国史研究会、二〇一四年
島津忠夫「千句連歌の興行とその変遷」『連歌俳諧研究』一五、俳文学会、一九五七年
高鳥廉「足利将軍家子弟・室町殿猶子の寺院入室とその意義—室町殿と寺院・公家社会との関係を探る—」『史学雑誌』一三九—九、史学会、二〇二一年
高橋一樹「越後国頸城地域の御家人」『上越市史研究』二、上越市、一九九七年
高橋修「合戦図屏風の中の「謙信」」池享・矢田俊文『定本　上杉謙信』高志書院、二〇〇〇年
高梨真行「将軍足利義輝の側近衆—外戚近衛一族と門跡の活動—」『立正史学』八四、立正史学会、一九九八年
高梨真行「戦国期室町将軍と門跡—室町幕政における大覚寺義俊の役割—」五味文彦・菊地大樹編『中世の寺院と都市・権力』山川出版社、二〇〇七年
田中義成「甲越事蹟考　川中島合戦」『史学会論叢』冨山房、一九〇四年
富田正弘「室町時代における祈祷と公武統一政権」日本史研究会史料部会編『中世日本の歴史像』創元社、一九七八年
富田正弘「室町殿と天皇」『日本史研究』三一九、日本史研究会、一九八九年
中本大「永禄三年の近衛家の文事—近衛稙家新年試筆詩をめぐって—」『論究日本文学』八四、立命館大学日本文学会、二〇〇六年
西川広平「幻の川中島合戦」『大河ドラマ特別展風林火山』ＮＨＫ・ＮＨＫプロモーション、二〇〇七年

西川広平「米沢藩士市河家による系図作成」『山梨県立博物館研究紀要』五、山梨県立博物館、二〇一一年
長谷川幸一「武田領国における修験―当山方修験を中心に―」小笠原春香・小川雄・小佐野浅子・長谷川幸一編『戦国大名武田氏と地域社会』岩田書院ブックレット、二〇一四年
浜口誠至「本願寺顕如妻如春の実父―「三条三姉妹」説の再検討―」戦国史研究会第五一二回例会レジュメ　戦国史研究会、二〇二三年
林文孝「中国歴史思想における鏡の比喩」『境界を越えて　比較文明学の現在』一八、立教比較文明学会、二〇一八年
原田和彦「信濃にとっての川中島合戦」笹本正治監修『川中島合戦再考』新人物往来社、二〇〇〇年
樋口和雄「市河信房の生涯と計見郷への本拠地移動」『信濃』六九―一二、信濃史学会、二〇一七年
堀内亨「武田側からみた川中島合戦」笹本正治監修『川中島合戦再考』新人物往来社、二〇〇〇年
前嶋敏「越後永正の内乱と信濃」『信濃』六〇―一〇、信濃史学会、二〇〇八年
前嶋敏「謙信・信玄と「川中島の戦い」」『川中島の戦い　上杉謙信と武田信玄』新潟県立歴史博物館、二〇一七年
松澤芳宏「直江實綱書状からみる長尾宗心出奔の事情」『信濃』六三―九、信濃史学会、二〇一一年
丸島和洋「武田龍芳」丸島和洋編『武田信玄の子供たち』宮帯出版、二〇二二年
峰岸純夫「上杉憲政と村上義清等の反武田「上信同盟」」『信濃』六〇―一〇、信濃史学会、二〇〇八年
村石正行「寺尾氏が遺した文書一通」『信濃』五六―九、信濃史学会、二〇〇四年

村石正行「小笠原長時の外交活動と同名氏族間交流」『史学』八二―一・二、三田史学会、二〇一三年
村石正行「室町幕府同名氏族論」『信濃』六八―一二、信濃史学会、二〇一六年
村石正行「「川中島合戦」と室町幕府」福原圭一・前嶋敏編『上杉謙信』高志書院、二〇一七年a
村石正行「史論家栗岩英治」『長野県立歴史館研究紀要』二三、長野県立歴史館、二〇一七年b
村石正行「新収蔵史料　武田晴信書状」『長野県立歴史館研究紀要』二八、長野県立歴史館、二〇二二年
村石正行「最晩年の村上義清の花押と法名」『信濃』七五―八、信濃史学会、二〇二三年
村石正行「永禄四年九月の千句連歌と近衛氏」『長野県立歴史館研究紀要』三〇、長野県立歴史館、二〇二四年予定
山田徹「南北朝期の守護論をめぐって」中世後期研究会編『室町・戦国期研究を読み直す』思文閣出版、二〇〇七年
山田康弘「戦国期将軍の大名間調停」阿部猛編『中世政治史の研究』日本史史料研究会企画部、二〇一〇年
湯川敏治「足利義晴将軍期の近衛家の動向―稙家と妹義晴室を中心に―」『戦国期公家社会と荘園経済』続群書類従完成会、二〇〇五年
湯本軍一「辺境地領主制の一特質―信濃国市河氏について―」『信濃』二六―九、信濃史学会、一九七四年
吉野正敏「世界と日本の古気候」『気象学ノート』一四七、気象学会、一九八三年

渡邊世祐「上洛前の足利義昭と織田信長」『史学雑誌』二九―二、史学会、一九一八年（久野雅司編『足利義昭』戎光祥出版、二〇一五年所収）

著者紹介

一九七一年、長野県に生まれる

一九九七年、慶應義塾大学大学院文学研究科史学専攻修士課程修了

現在、長野県立歴史館文献史料課長（学芸員・認証アーキビスト）、信州大学教育学部非常勤講師、博士（史学）

〔主要著書・論文〕

『中世の契約社会と文書』（思文閣出版、二〇一三年）

「仁科信盛」（丸島和洋編『武田信玄の子供たち』宮帯出版社、二〇二二年）

「諏訪上社社家の文書群と写本作成」（春田直紀編『列島の中世地下文書―諏訪・四国山地・肥後―』勉誠出版、二〇二三年）

歴史文化ライブラリー

588

検証川中島の戦い

二〇二四年（令和六）三月一日　第一刷発行

二〇二四年（令和六）五月一日　第二刷発行

著　者　村《むら》石《いし》正《まさ》行《ゆき》

発行者　吉川道郎

発行所　株式会社　吉川弘文館

東京都文京区本郷七丁目二番八号

郵便番号一一三―〇〇三三

電話〇三―三八一三―九一五一〈代表〉

振替口座〇〇一〇〇―五―二四四

https://www.yoshikawa-k.co.jp/

印刷＝株式会社　平文社

製本＝ナショナル製本協同組合

装幀＝清水良洋・宮崎萌美

ISBN978-4-642-05988-6

歴史文化ライブラリー

1996. 10

刊行のことば

現今の日本および国際社会は、さまざまな面で大変動の時代を迎えておりますが、近づきつつある二十一世紀は人類史の到達点として、物質的な繁栄のみならず文化や自然・社会環境を謳歌できる平和な社会でなければなりません。しかしながら高度成長・技術革新にともなう急激な変貌は「自己本位な刹那主義」の風潮を生みだし、先人が築いてきた歴史や文化に学ぶ余裕もなく、いまだ明るい人類の将来が展望できていないようにも見えます。このような状況を踏まえ、よりよい二十一世紀社会を築くために、人類誕生から現在に至る「人類の遺産・教訓」としてのあらゆる分野の歴史と文化を「歴史文化ライブラリー」として刊行することといたしました。

小社は、安政四年（一八五七）の創業以来、一貫して歴史学を中心とした専門出版社として書籍を刊行しつづけてまいりました。その経験を生かし、学問成果にもとづいた本叢書を刊行し社会的要請に応えて行きたいと考えております。

現代は、マスメディアが発達した高度情報化社会といわれますが、私どもはあくまでも活字を主体とした出版こそ、ものの本質を考える基礎と信じ、本叢書をとおして社会に訴えてまいりたいと思います。これから生まれでる一冊一冊が、それぞれの読者を知的冒険の旅へと誘い、希望に満ちた人類の未来を構築する糧となれば幸いです。

吉川弘文館

歴史文化ライブラリー

中世史

列島を翔ける平安武士 九州・京都・東国——野口　実
源氏と坂東武士——野口　実
敗者たちの中世争乱 年号から読み解く——関　幸彦
戦死者たちの源平合戦 生への執着、死者への祈り——田辺　旬
平氏が語る源平争乱——永井　晋
熊谷直実 中世武士の生き方——高橋　修
中世武士　畠山重忠 秩父平氏の嫡流——清水　亮
頼朝と街道 鎌倉政権の東国支配——木村茂光
もう一つの平泉 奥州藤原氏第二の都市・比爪——羽柴直人
源頼家とその時代 二代目鎌倉殿と宿老たち——藤本頼人
六波羅探題 京を治めた北条一門——森　幸夫
大道　鎌倉時代の幹線道路——岡　陽一郎
仏都鎌倉の一五〇〇年——今井雅晴
鎌倉北条氏の興亡——奥富敬之
鎌倉幕府はなぜ滅びたのか——永井　晋
武田一族の中世——西川広平
三浦一族の中世——高橋秀樹
伊達一族の中世「独眼龍」以前——伊藤喜良
弓矢と刀剣 中世合戦の実像——近藤好和
その後の東国武士団 源平合戦以後——関　幸彦
荒ぶるスサノヲ、七変化〈中世神話〉の世界——斎藤英喜
曽我物語の史実と虚構——坂井孝一
鎌倉浄土教の先駆者　法然——中井真孝
親　鸞——平松令三
親鸞と歎異抄——今井雅晴
畜生・餓鬼・地獄の中世仏教史 因果応報と悪道——生駒哲郎
神や仏に出会う時 中世びとの信仰と絆——大喜直彦
神仏と中世人 宗教をめぐるホンネとタテマエ——衣川　仁
神風の武士像 蒙古合戦の真実——関　幸彦
鎌倉幕府の滅亡——細川重男
足利尊氏と直義 京の夢、鎌倉の夢——峰岸純夫
高　師直 室町新秩序の創造者——亀田俊和
新田一族の中世「武家の棟梁」への道——田中大喜
皇位継承の中世史 血統をめぐる政治と内乱——佐伯智広
地獄を二度も見た天皇　光厳院——飯倉晴武
南朝の真実 忠臣という幻想——亀田俊和
信濃国の南北朝内乱 悪党と八〇年のカオス——櫻井　彦
中世の巨大地震——矢田俊文
大飢饉、室町社会を襲う！——清水克行